바로 톡 talk
PASSPORT
여행
일본어
일본 핫플레이스 50

바로 톡 talk 여행 일본어

초판 1쇄 인쇄 2017년 11월 17일
초판 1쇄 발행 2017년 11월 27일
2판 1쇄 발행 2025년 3월 19일

지은이 정문주
발행인 임충배
홍보/마케팅 양경자
편집 김인숙, 왕혜영
디자인 이경자, 김혜원
펴낸곳 도서출판 삼육오 (PUB.365)
제작 (주)피앤엠123

출판신고 2014년 4월 3일
등록번호 제406-2014-000035호

경기도 파주시 산남로 183-25
TEL 031-946-3196 / FAX 050-4244-9979
홈페이지 www.pub365.co.kr

ISBN 979-11-94543-07-7 13730

· 본 도서는 『50패턴으로 여행하는 랜드마크 일본어회화』와 내용이 동일한 리커버 도서입니다.

여행 일본어

일본 핫플레이스 50

PUB 3 육오

머리말

이 책은 기존의 일본어 학습서와는 전혀 다른 개념에서 만들어졌습니다.
살아있는 일본의 모습과 쉬운 회화를 결합시켜 일본과 일본어를 보다 즐겁고 가깝게 느끼기를 바랐기 때문입니다.
그래서 '여행'이라는 틀을 가정해 구성했습니다.

우선 여행이라는 면에서는 모두가 다 아는 핫플레이스뿐 아니라 아직은 한국인들의 발길이 덜 닿은 곳,
한국인이 덜 찾는 계절의 모습도 소개하려 했습니다. 읽기만 해도 여행 기분을 만끽할 수 있을 겁니다.
맛있는 일본, 즐거운 일본, 아름다운 일본, 북적이는 일본……
다양한 모습을 보다 보면 학습 의욕도 마구 솟아나지 않을까요?

또 단체여행, 자유여행, 지인의 안내를 받는 여행 등 여행의 형태는 다를 수 있어도
여행에서 꼭 필요한 말은 결국 쉬운 일본어라는 점을 고려해 여행 회화를 꾸몄습니다.
초급 단계의 학습자일수록 '회화 패턴'을 눈여겨 보시기 바랍니다. 꼭 필요한 한 마디,
마음이 담긴 한 마디를 현지인에게 던질 수 있는 그 날이 빨리 왔으면 좋겠습니다.
독자 여러분, 이 책을 통해 즐거움에 가슴 뛰는 학습, 새로운 학습을 체험해 보세요.
여러분을 응원하겠습니다.

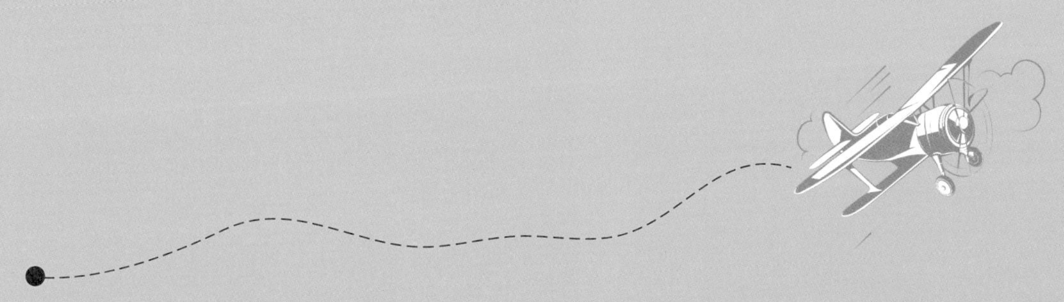

저자 정문주

목차 바로 톡 일본어

학습 방법 | 바로 톡 일본어

내가 있는 위치는 어디일까?
일본의 핫플레이스를 지역별로 지도에 표시해서 한눈에 알아보기 쉽게 정리했어요.

핫플레이스 위치 표시
각 지역의 핫플레이스를 짧은 동선으로 정리했어요. 여행 계획을 짤 때 유용할 거예요!

QR 코드를 스캔하면,
각 챕터에서 배울 문장의 원어민 음성을 듣고,
패턴 문장 훈련 동영상을 볼 수 있어요.

핫플레이스 정보와 유래
언어를 배울 때, 그 나라에 대해 아는 것도 중요해요. 그래서 각 핫플레이스의 역사, 문화, 그리고 흥미로운 배경 이야기를 담았어요.

미리 만나보고 들어보고 말해 보아요.
여행하면서 유용하게 쓸 수 있는 필수 표현들을 모아놨어요. 먼저 눈으로 익히고, 원어민 음성으로 들어본 뒤, 직접 소리 내어 말해 보세요.

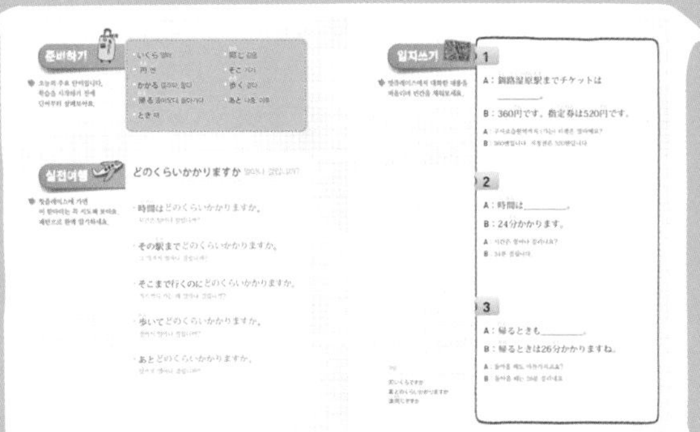

대화 속 단어도 익히고, 패턴도 배우고!

대화문 속에서 자주 등장하는 단어들을 따로 정리했어요. 단어를 보고 문장을 떠올려 보면서, 많이 쓰이는 패턴 문장을 자연스럽게 익혀 보세요. 빈칸 채우기도 하면서 기억을 더욱 탄탄하게 만들어 보아요.

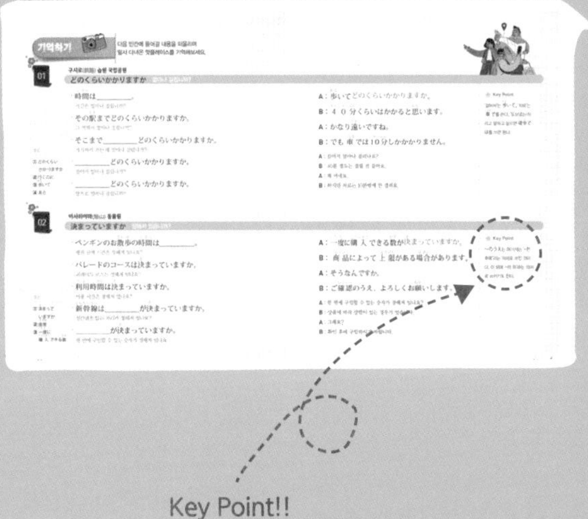

기억하고 또 기억하기

공부한 내용을 금방 잊어버리면 너무 아쉽죠? 자주 쓰이는 표현과 패턴 문장은 여러 번 복습할 수 있도록 준비했어요. 자연스럽게 반복하다 보면 어느새 술술 말하게 될 거예요.

Key Point!!
회화 문장의 유의점과
자주 쓰이는 단어 뜻을 담았어요.

MP3 다운로드 방법

www.pub365.co.kr ➡ 〈바로 톡 여행 일본어〉 검색 ➡ 무료 MP3 다운

핫플레이스 일본 여행

홋카이도&도호쿠

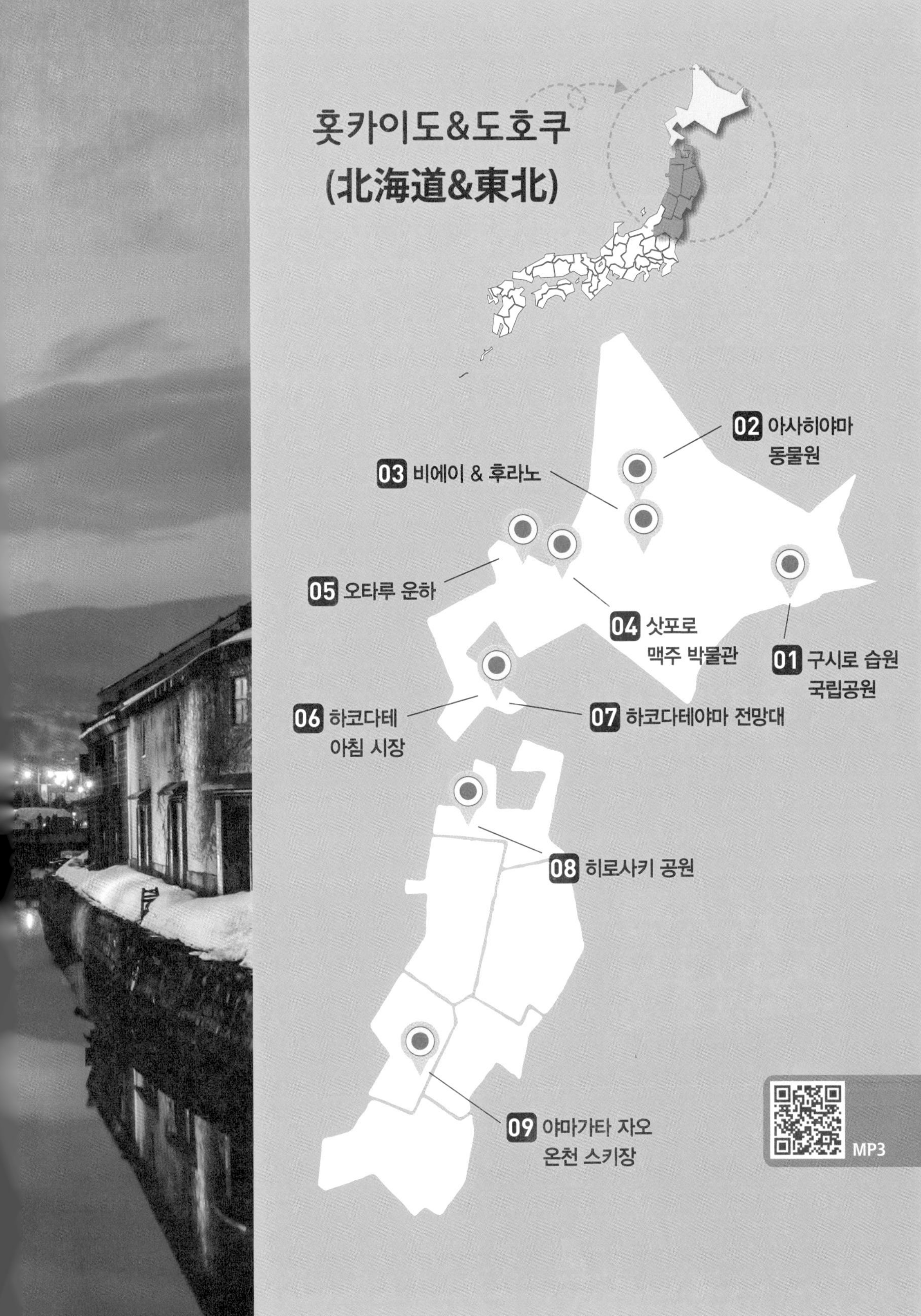

훗카이도&도호쿠
(北海道&東北)
02 아사히야마 동물원
03 비에이 & 후라노
05 오타루 운하
04 삿포로 맥주 박물관
01 구시로 습원 국립공원
06 하코다테 아침 시장
07 하코다테야마 전망대
08 히로사키 공원
09 야마가타 자오 온천 스키장
MP3

01 구시로(釧路) 습원 국립공원

오늘 배울 표현은 **얼마나 걸립니까?**

홋카이도(北海道) 동부에 자리 잡은 구시로 습원 국립공원은 숲, 호수, 습원을 아우르는데 그 넓이가 무려 26861ha에 달한다(김포시보다 넓다). 그중 가장 넓은 면적을 차지하는 습원은 그 자체가 천연기념물로 지정된 자연의 보고다. 사방천지 끝을 알 수 없는 광활한 초록의 습원, 그 속을 느릿느릿 달리는 노롯코 열차, TV에서나 볼 법한 거대한 사행천, 카누에 몸을 싣고 강을 따라 흘러가며 접하는 원시림……. '축소지향, 경박단소(輕薄短小), 미니멀리즘' 같은 이미지만으로 일본을 이해한 사람이라면 대자연을 품은 일본의 새로운 면모를 발견하게 될 것이다. 사시사철 희귀 동식물을 볼 수 있지만, 특히 겨울이 되면 설원에서 춤추는 두루미 떼를 관찰하는 호사를 누릴 수 있다.

미리보기

이번 핫플레이스에서는 어떤 대화를 나눌지 살펴볼까요?

1

A：釧路湿原駅(くしろしつげんえき)までチケットはいくらですか。

B：[1]360円(えん)です。指定券(していけん)は[2]520円(えん)です。

2

A：時間(じかん)はどのくらいかかりますか。

B：[3]24分(ぷん)かかります。

3

A：帰(かえ)るときも同(おな)じですか。

B：帰(かえ)るときは[4]26分(ぷん)かかりますね。

참고

1 360 (さんびゃくろくじゅう)
2 520 (ごひゃくにじゅう)
3 24 (にじゅうよん)
4 26 (にじゅうろっ)

1

A : 구시로습원역까지 (가는) 티켓은 얼마예요?

B : 360엔입니다. 지정권은 520엔입니다.

2

A : 시간은 얼마나 걸리나요?

B : 24분 걸립니다.

3

A : 돌아올 때도 마찬가지고요?

B : 돌아올 때는 26분 걸리네요.

준비하기

오늘의 주요 단어입니다.
학습을 시작하기 전에
단어부터 살펴보아요.

- いくら 얼마
- 円(えん) 엔
- かかる 걸리다, 들다
- 帰(かえ)る 돌아오다, 돌아가다
- とき 때
- 同(おな)じ 같음
- そこ 거기
- 歩(ある)く 걷다
- あと 나중, 이후

실전여행

핫플레이스에 가면
이 한마디는 꼭 시도해 보아요.
패턴으로 완벽 암기하세요.

どのくらいかかりますか 얼마나 걸립니까?

- 時間(じかん)はどのくらいかかりますか。
  시간은 얼마나 걸립니까?
- その駅(えき)までどのくらいかかりますか。
  그 역까지 얼마나 걸립니까?
- そこまで行(い)くのにどのくらいかかりますか。
  거기까지 가는 데 얼마나 걸립니까?
- 歩(ある)いてどのくらいかかりますか。
  걸어서 얼마나 걸립니까?
- あとどのくらいかかりますか。
  앞으로 얼마나 걸립니까?

일지쓰기

핫플레이스에서 대화한 내용을 떠올리며 빈칸을 채워보세요.

1

A：釧路湿原駅(くしろしつげんえき)までチケットは
＿＿＿＿＿＿＿。

B：360円(えん)です。指定券(していけん)は520円(えん)です。

A : 구시로습원역까지 (가는) 티켓은 얼마예요?

B : 360엔입니다. 지정권은 520엔입니다.

2

A：時間(じかん)は＿＿＿＿＿＿＿。

B：24分(ぷん)かかります。

A : 시간은 얼마나 걸리나요?

B : 24분 걸립니다.

3

A：帰(かえ)るときも＿＿＿＿＿＿＿。

B：帰(かえ)るときは26分(ぷん)かかりますね。

A : 돌아올 때도 마찬가지고요?

B : 돌아올 때는 26분 걸리네요.

정답

1 いくらですか

2 どのくらいかかりますか

3 同(おな)じですか

02

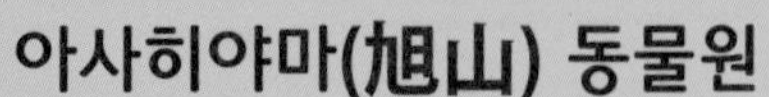

아사히야마(旭山) 동물원

오늘 배울 표현은 정해져 있습니까?

오락거리가 귀하고 동물의 국제거래도 쉬웠던 시절, 사람들은 동물원으로 나들이를 갔다. 그런데 어느덧 천지에 놀거리가 넘쳐나면서 동물원 관람객은 줄었고, 어쩌다 찾아가도 감동을 기대하기는 어려워졌다. 이런 가운데 뜨거운 인기를 누리는 동물원이 있으니 몇 년 전만 해도 무명이었던 홋카이도의 아사히야마 동물원이다. 동물의 행동 습성을 살리면서도 손만 뻗으면 잡을 수 있을 법한 거리에 관람로를 배치한 것이 인기의 비결이다. 줄타기를 좋아하는 오랑우탄과 높은 곳을 좋아하는 레서판다가 관람객의 머리 위를 돌아다니고, 펭귄 무리가 관람객 바로 옆을 산책하는 등의 연출로 환호성이 끊이지 않는다.

미리보기

이번 핫플레이스에서는 어떤 대화를 나눌지 살펴볼까요?

1

A：チケット売(う)り場(ば)はどこですか。

B：正門(せいもん)に向(む)かって右手(みぎて)に自動券売機(じどうけんばいき)があります。

2

A：すみません。
園内(えんない)マップはありませんか。

B：パンフレットの中(なか)にございます。

3

A：ペンギンのお散歩(さんぽ)の時間(じかん)は決(き)まっていますか。

B：はい、こちらをご覧(らん)ください。

1

A：티켓 판매소는 어디인가요?

B：정문을 향해 서면 오른쪽에 자동 발매기가 있습니다.

2

A：잠깐만요. 원내 지도는 없나요?

B：팸플릿 안에 있습니다.

3

A：펭귄 산책 시간은 정해져 있나요?

B：네, 여기를 보십시오.

준비하기

오늘의 주요 단어입니다.
학습을 시작하기 전에
단어부터 살펴보아요.

- 正門(せいもん) 정문
- 向(む)かう 향하다
- 右手(みぎて) 오른쪽
- 自動券売機(じどうけんばいき) 자동 티켓 발매기
- 決(き)まる 정해지다
- ご覧(らん)ください 보십시오
- 一度(いちど) 한 번
- 数(かず) 수

실전여행

핫플레이스에 가면
이 한마디는 꼭 시도해 보아요.
패턴으로 완벽 암기하세요.

決(き)まっていますか 정해져 있습니까?

- ペンギンのお散歩(さんぽ)の時間(じかん)は決(き)まっていますか。
  펭귄 산책 시간은 정해져 있나요?
- パレードのコースは決(き)まっていますか。
  퍼레이드 코스는 정해져 있나요?
- 利用時間(りようじかん)は決(き)まっていますか。
  이용 시간은 정해져 있나요?
- 新幹線(しんかんせん)は座席(ざせき)が決(き)まっていますか。
  신칸센은 앉는 자리가 정해져 있나요?
- 一度(いちど)に購入(こうにゅう)できる数(かず)が決(き)まっていますか。
  한 번에 구입할 수 있는 숫자가 정해져 있나요?

일지쓰기 

핫플레이스에서 대화한 내용을 떠올리며 빈칸을 채워보세요.

1

A：チケット売り場はどこですか。

B：正門＿＿＿＿＿自動券売機があります。

A：티켓 판매소는 어디인가요?

B：정문을 향해 서면 오른쪽에 자동 발매기가 있습니다.

2

A：すみません。
園内マップはありませんか。

B：パンフレットの＿＿＿＿＿ございます。

A：잠깐만요. 원내 지도는 없나요?

B：팸플릿 안에 있습니다.

3

A：ペンギンのお散歩の時間は
＿＿＿＿＿。

B：はい、こちらをご覧ください。

A：펭귄 산책 시간은 정해져 있나요?

B：네, 여기를 보십시오.

정답

1 に向かって右手に
2 中に
3 決まっていますか

다음 빈칸에 들어갈 내용을 떠올리며
앞서 다녀온 핫플레이스를 기억해보세요.

01

구시로(釧路) 습원 국립공원

どのくらいかかりますか 얼마나 걸립니까?

- 時間は＿＿＿＿＿。
  시간은 얼마나 걸립니까?
- その駅までどのくらいかかりますか。
  그 역까지 얼마나 걸립니까?
- そこまで＿＿＿＿＿どのくらいかかりますか。
  거기까지 가는 데 얼마나 걸립니까?
- ＿＿＿＿＿どのくらいかかりますか。
  걸어서 얼마나 걸립니까?
- ＿＿＿＿＿どのくらいかかりますか。
  앞으로 얼마나 걸립니까?

정답

1 どのくらいかかりますか
2 行くのに
3 歩いて
4 あと

02

아사히야마(旭山) 동물원

決まっていますか 정해져 있습니까?

- ペンギンのお散歩の時間は＿＿＿＿＿。
  펭귄 산책 시간은 정해져 있나요?
- パレードのコースは決まっていますか。
  퍼레이드 코스는 정해져 있나요?
- 利用時間は決まっていますか。
  이용 시간은 정해져 있나요?
- 新幹線は＿＿＿＿＿が決まっていますか。
  신칸센은 앉는 자리가 정해져 있나요?
- ＿＿＿＿＿が決まっていますか。
  한 번에 구입할 수 있는 숫자가 정해져 있나요.

정답

1 決まっていますか
2 座席
3 一度に購入できる数

A：歩(ある)いてどのくらいかかりますか。

B：４０分(よんじゅっぷん)くらいはかかると思(おも)います。

A：かなり遠(とお)いですね。

B：でも車(くるま)では10分(じゅっぷん)しかかかりません。

A : 걸어서 얼마나 걸리나요?

B : 40분 정도는 걸릴 것 같아요.

A : 꽤 머네요.

B : 하지만 차로는 10분밖에 안 걸려요.

Key Point

'걸어서'는 歩(ある)いて, '차로'는 車(くるま)で를 쓴다. '도보로는'이라고 말하고 싶으면 徒歩(とほ)では를 쓰면 된다.

A：一度(いちど)に購入(こうにゅう)できる数(かず)が決(き)まっていますか。

B：商品(しょうひん)によって上限(じょうげん)がある場合(ばあい)があります。

A：そうなんですか。

B：ご確認(かくにん)のうえ、よろしくお願(ねが)いします。

A : 한 번에 구입할 수 있는 숫자가 정해져 있나요?

B : 상품에 따라 상한이 있는 경우가 있습니다.

A : 그래요?

B : 확인 후에 구입하시기 바랍니다.

Key Point

～のうえ는 여기서는 '~한 후에'라는 의미로 쓰인 것이다. 이 외에 '~의 위'라는 의미로 쓰이기도 한다.

03 비에이(美瑛), 후라노(富良野)

오늘 배울 표현은 뭐라고 하는

홋카이도의 중심부에는 흐드러지게 핀 아름다운 꽃 세상을 만끽할 수 있는 농장이 둘 있다. 비에이에 있는 농장 시키사이노오카(四季彩の丘)와 후라노에 있는 농장 도미타(富田) 팜이다. 광활한 대지에 드넓게 펼쳐진 환상적인 꽃밭은 봄부터 형형색색의 환상적인 자태와 그윽한 향기를 자랑한다. 한국인에게 '홋카이도'의 대표적인 이미지로 잘 알려진 '후라노의 라벤더 밭'은 도미타 팜에서 볼 수 있고 7월 중순부터 절정을 이룬다. 시키사이노오카도 꽃밭만 알고 있는 사람이 많지만, 사실은 멜론, 아스파라거스, 옥수수 등의 농작물을 재배하는 농장인 데다가 겨울철에는 스노래프팅과 스노모빌링을 즐길 수 있는 눈부신 설원으로 변한다. 참고하자.

미리보기

이번 핫플레이스에서는 어떤 대화를 나눌지 살펴볼까요?

1

A：これは何(なん)という花(はな)ですか。

B：ラベンダーです。

2

A：あれは何(なん)という花(はな)ですか。

B：ポピーです。

3

A：きれい！こんなにきれいな景色(けしき)は見(み)たことがありません。

B：写真(しゃしん)撮(と)りましょうよ、写真(しゃしん)。

1

A : 이건 무슨 꽃인가요?

B : 라벤더예요.

2

A : 저건 무슨 꽃인가요?

B : 개양귀비예요.

3

A : 예쁘다! 이렇게 예쁜 풍경은 본 적이 없어요.

B : 사진 찍읍시다, 사진.

준비하기

오늘의 주요 단어입니다.
학습을 시작하기 전에
단어부터 살펴보아요.

- これ 이것
- 花(はな) 꽃
- あれ 저것
- きれい 아름다움
- こんなに 이렇게
- 景色(けしき) 경치
- 写真(しゃしん) 사진
- 撮(と)る (사진을) 찍다
- 料理(りょうり) 요리
- 字(じ) 글자
- 通(とお)り 길
- 駅(えき) 역

실전여행

핫플레이스에 가면
이 한마디는 꼭 시도해 보아요.
패턴으로 완벽 암기하세요.

何(なん)という 뭐라고 하는

- これは何(なん)という花(はな)ですか。
  이건 무슨 꽃인가요?
- これは何(なん)という料理(りょうり)ですか。
  이건 무슨 요리 인가요?
- これは何(なん)という字(じ)ですか。
  이건 무슨 글자예요?
- ここは何(なん)という通(とお)りですか。
  여기는 무슨 길입니까?
- ここは何(なん)という駅(えき)ですか。
  여기는 무슨 역입니까?

일지쓰기

핫플레이스에서 대화한 내용을 떠올리며 빈칸을 채워보세요.

1

A：これは_________花ですか。

B：ラベンダーです。

A : 이건 무슨 꽃인가요?

B : 라벤더예요.

2

A：_________何という花ですか。

B：ポピーです。

A : 저건 무슨 꽃인가요?

B : 개양귀비예요.

3

A：きれい！_________きれいな景色は_________ありません。

B：写真_________、写真。

A : 예쁘다! 이렇게 예쁜 풍경은 본 적이 없어요.

B : 사진 찍읍시다, 사진.

정답

1 何という
2 あれは
3 こんなに, 見たことが, 撮りましょうよ

04

삿포로 맥주(サッポロビール) 박물관

오늘 배울 표현은 **할 수 있습니다**

1987년에 개관한 일본 유일의 맥주 박물관으로 홋카이도 유산으로도 지정되어 있다. 성인은 물론 어린이까지 누구나 맥주의 제조 과정, 일본 맥주의 역사에 관한 견학 코스를 즐길 수 있는데 이 과정에서 갓 만든 맥주를 시음할 수 있다. 물론 술을 안 마시는 사람이나 미성년자를 위한 무알코올 맥주와 소프트드링크도 준비되어 있다. 2016년에 전체 리뉴얼을 거친 뒤로는 유료 프리미엄 투어를 통해 초창기인 1800년대 방식으로 만든 맥주도 마실 수 있어 독특한 재미가 더해졌다. 박물관과 비어 홀로 쓰이는 붉은 벽돌 건물은 1800년 말에 제당 공장, 맥아 제조 공장으로 만들어졌던 건물이다. 역사만큼 깊은 운치를 느낄 수 있는 곳이다.

미리보기

이번 핫플레이스에서는 어떤 대화를 나눌지 살펴볼까요?

1

A：ここはどこですか。

B：ここはサッポロビール博物館(はくぶつかん)です。

2

A：ビール博物館(はくぶつかん)？

B：はい、ビールのすべてを知(し)り、楽(たの)しむことができます。

3

A：じゃあ、飲(の)むこともできますか。

B：もちろんです。できたてのビールを飲(の)むことができます。

1

A：여긴 어디예요?

B：여기는 삿포로 맥주 박물관이에요.

2

A：맥주 박물관요?

B：네, 맥주의 모든 것을 알고 즐길 수 있어요.

3

A：그럼 마실 수도 있나요?

B：물론이죠. 갓 만든 맥주를 마실 수 있어요.

준비하기

오늘의 주요 단어입니다.
학습을 시작하기 전에
단어부터 살펴보아요.

- ビール 맥주
- すべて 모든 것
- 知(し)る 알다
- 楽(たの)しむ 즐기다
- できる 할 수 있다
- 飲(の)む 마시다
- こと 것, 일
- できたて (음식, 물건)이 갓 완성된 상태
- 食(た)べる 먹다
- 使(つか)う 사용하다
- みる 보다
- おかわり 같은 음식을 더 먹음

실전여행

핫플레이스에 가면
이 한마디는 꼭 시도해 보아요.
패턴으로 완벽 암기하세요.

できます 할 수 있습니다

- できたてのビールを飲(の)むことができます。
  갓 만든 맥주를 마실 수 있어요.

- できたてのパンを食(た)べることができます。
  갓 만든 빵을 먹을 수 있어요.

- 使(つか)ってみることはできますか。
  써 볼 수는 있습니까?

- おかわりできますか。
  더 먹을 수 있나요?

- 返品(へんぴん)できますか。
  반품할 수 있나요?

일지쓰기 

핫플레이스에서 대화한 내용을 떠올리며 빈칸을 채워보세요.

1

A：ここは＿＿＿＿＿。

B：ここはサッポロビール博物館（はくぶつかん）です。

A：여긴 어디예요?

B：여기는 삿포로 맥주 박물관이에요.

2

A：ビール博物館（はくぶつかん）？

B：はい、ビールのすべてを知（し）り、楽（たの）しむことが＿＿＿＿＿。

A：맥주 박물관요?

B：네, 맥주의 모든 것을 알고 즐길 수 있어요.

3

A：じゃあ、飲（の）むこともできますか。

B：＿＿＿＿＿です。＿＿＿＿＿のビールを飲（の）むことができます。

A：그럼 마실 수도 있나요?

B：물론이죠. 갓 만든 맥주를 마실 수 있어요.

정답

1 どこですか
2 できます
3 もちろん, できたて

기억하기

다음 빈칸에 들어갈 내용을 떠올리며
앞서 다녀온 핫플레이스를 기억해보세요.

03

비에이(美瑛), **후라노**(富良野)

何という 뭐라고 하는

- これは何(なん)という花(はな)ですか。
  이건 무슨 꽃인가요?
- これは何(なん)という__________。
  이건 무슨 요리 인가요?
- これは何(なん)という字(じ)ですか。
  이건 무슨 글자예요?
- __________何(なん)という通(とお)りですか。
  여기는 무슨 길입니까?
- ここは何(なん)という__________。
  여기는 무슨 역입니까?

정답

1 料理(りょうり)ですか
2 ここは
3 駅(えき)ですか

04

삿포로 맥주(サッポロビール) **박물관**

できます 할 수 있습니다

- できたてのビールを飲(の)むことができます。
  갓 만든 맥주를 마실 수 있어요.
- できたてのパンを__________できます。
  갓 만든 빵을 먹을 수 있어요.
- __________ことはできますか。
  써 볼 수 있나요?
- __________できますか。
  더 먹을 수 있나요?
- 返品(へんぴん)できますか。
  반품할 수 있나요?

정답

1 食(た)べることが
2 使(つか)ってみる
3 おかわり

A：これは何(なん)という字(じ)ですか。

B：「スシ (鮨)」です。

A：はい？これが「すし」ですか？！

B：ええ、魚(さかな)が旨(うま)いという意味(いみ)でしょうかね。

A : 이건 무슨 글자예요?

B : 스시(초밥)예요.

A : 네? 이게 스시예요?!

B : 네, 생선이 맛있다는 의미일까요?

Key Point

という는 '~라고 하는'이라는 의미로 매우 자주 쓰인다.

A：おかわりできますか。

B：ご飯(はん)とお味噌汁(みそしる)は、おかわり自由(じゆう)です。

A：お肉(にく)は？

B：お肉(にく)は[1]300円(えん)でおかわりできます。

A : 리필되나요?

B : 밥과 된장국은 무한리필입니다.

A : 고기는요?

B : 고기는 300엔에 리필 가능합니다.

Key Point

300円で는 '300엔에'라는 수량(금액) 기준을 나타낸다. 조사 で를 쓴다는 점에 유의한다.

참고

[1] 300 (さんびゃく)

05 오타루(小樽) 운하

오늘 배울 표현은 **언제부터입니까?**

오타루는 홋카이도의 서쪽에 위치한 항구도시다. 운하는 늘어난 운송 물량을 창고로 쉽게 옮기기 위해 1923년에 만들어졌다. 그 후 자동차의 대중화로 시내 교통 혼잡이 심해지던 1960년대에 매립 공사가 진행되었다. 그런 가운데서도 운하와 창고 건물 등의 유산을 보존하자는 시민운동이 일어난 덕에 운하는 오늘날 귀중한 관광 자원으로 남았다. 해가 지면 수십 개의 산책로 가스등에 불이 들어와 환상적 풍광을 빚어낸다. 주변의 석조 창고 건물도 역사 자료관, 음식점, 기념품점 등으로 이용되며 운하 못지않게 사랑받는다. 지역 특산품은 유리 공예품과 오르골. 한국인이 사랑하는 영화 <러브레터>의 촬영지로도 유명하다.

미리보기

이번 핫플레이스에서는 어떤 대화를 나눌지 살펴볼까요?

1

B：オルゴールのメロディーが素敵(すてき)でしょ。

A：涙(なみだ)が出(で)そうです。

2

A：ガラス工房(こうぼう)にも行(い)けて良(よ)かったです。

B：じゃ、最後(さいご)に運河(うんが)の方(ほう)へ移動(いどう)しましょうか。

3

A：運河(うんが)のライトアップはいつからですか。

B：たぶん6時(ろくじ)からだと思(おも)います。

1

B：오르골의 멜로디가 참 좋죠?

A：눈물이 날 것 같아요.

2

A：유리 공방에도 갈 수 있어 좋았어요.

B：그럼 마지막으로 운하 쪽으로 이동할까요?

3

A：운하의 야간 조명은 언제부터 들어오나요?

B：아마 6시부터인 것 같아요.

준비하기

오늘의 주요 단어입니다.
학습을 시작하기 전에
단어부터 살펴보아요.

- 素敵(すてき) 근사함
- 涙(なみだ) 눈물
- 出(で)る 나오다, 나가다
- ガラス 유리
- 工房(こうぼう) 공방
- 良(よ)い 좋다
- 最後(さいご) 마지막
- 方(ほう) 쪽
- たぶん 역시
- お盆休(ぼんやす)み 백중 연휴
- 店(みせ) 가게

실전여행

핫플레이스에 가면
이 한마디는 꼭 시도해 보아요.
패턴으로 완벽 암기하세요.

いつからですか 언제부터입니까?

- 運河(うんが)のライトアップはいつからですか。
  운하의 야간 조명은 언제부터 들어오나요?

- 入場(にゅうじょう)はいつからですか。
  입장은 언제부터인가요?

- お盆休(ぼんやす)みはいつからですか。
  백중 연휴는 언제부터인가요?

- お店(みせ)の営業(えいぎょう)時間(じかん)はいつからですか。
  가게의 영업시간은 언제부터인가요?

- 期間限定(きかんげんてい)商品(しょうひん)の販売(はんばい)はいつからですか。
  기간 한정 상품의 판매는 언제부터인가요?

일지쓰기

핫플레이스에서 대화한 내용을 떠올리며 빈칸을 채워보세요.

1

B：オルゴールのメロディーが＿＿＿＿＿？

A：涙(なみだ)が出(で)そうです。

B：오르골의 멜로디가 참 좋죠?

A：눈물이 날 것 같아요.

2

A：ガラス工房(こうぼう)にも行(い)けて良(よ)かったです。

B：じゃ、最後(さいご)に運河(うんが)の方(ほう)へ＿＿＿＿＿。

A：유리 공방에도 갈 수 있어 좋았어요.

B：그럼 마지막으로 운하 쪽으로 이동할까요?

3

A：運河(うんが)のライトアップは＿＿＿＿ですか。

B：たぶん6時(ろくじ)からだと思(おも)います。

A：운하의 야간 조명은 언제부터 들어오나요?

B：아마 6시부터인 것 같아요.

정답

1 素敵(すてき)でしょ
2 移動(いどう)しましょうか
3 いつから

06 하코다테 아침 시장(函館朝市)

오늘 배울 표현은 ~를 부탁합니다

일본이 아무리 세계 제일의 열차 대국이라 해도 홋카이도까지 고속 철도 신칸센(新幹線)이 연결된 것은 불과 2016년 3월이었다. 홋카이도에서 가장 먼저 개통된 신칸센 역이 신하코다테호쿠토(新函館北斗)역이다 보니 하코다테는 홋카이도로 가는 철길의 관문으로서도 뜨겁게 주목받고 있다. 바로 이곳 하코다테의 아침 시장은 감히 일본 최고의 아침 시장이라 불러도 과언이 아니다. 수산시장 코너에서 실컷 눈 호강을 한 뒤, 시장 한편의 식당에서 아침을 먹자. 새우, 성게알, 오징어, 관자, 홋카이도 명물인 게살이 넘쳐나는 호화로운 가이센동(海鮮丼)은 강추 메뉴! 일본 내 그 어느 지역보다 만족스러운 가이센동의 맛을 잊지 못해 아침 시장을 다시 찾는 이가 많다.

미리보기

이번 핫플레이스에서는 어떤 대화를 나눌지 살펴볼까요?

1

A：明日(あした)の朝(あさ)ごはんは朝市(あさいち)で海鮮丼(かいせんどん)にしませんか。

B：ええ、そうしましょう！

2

A：こんばんは。フロントデスクです。

B：明日(あした)の朝(あさ)6時(ろくじ)にモーニングコールをお願(ねが)いします。

3

A：かしこまりました。朝(あさ)6時(ろくじ)ですね。

B：はい、お願(ねが)いします。

1

A：내일 아침은 아침 시장에서 가이센동으로 할까요?

B：그래요, 그렇게 해요!

2

A：안녕하세요, 프런트 데스크입니다.

B：내일 아침 6시에 모닝콜을 부탁합니다.

3

A：알겠습니다. 아침 6시죠?

B：네, 부탁합니다.

준비하기

오늘의 주요 단어입니다.
학습을 시작하기 전에
단어부터 살펴보아요.

- 明日(あした) 내일
- 朝(あさ)ごはん 아침밥
- 海鮮丼(かいせんどん) 가이센동(생 해산물 덮밥)
- かしこまりました 알겠습니다
- 部屋(へや) 방
- 掃除(そうじ) 청소
- 予約(よやく) 예약
- 勘定(かんじょう) 계산

실전여행

핫플레이스에 가면
이 한마디는 꼭 시도해 보아요.
패턴으로 완벽 암기하세요.

~をお願(ねが)いします ~를 부탁합니다

- 朝(あさ)6時(ろくじ)にモーニングコールをお願(ねが)いします。
  아침 6시에 모닝콜해 주세요.
- チェックアウトをお願(ねが)いします。
  체크아웃해 주세요.
- 部屋(へや)の掃除(そうじ)をお願(ねが)いします。
  방 청소를 부탁합니다.
- 予約(よやく)をお願(ねが)いします。
  예약 부탁합니다.
- お勘定(かんじょう) お願(ねが)いします。
  계산해 주세요.

일지쓰기 

➡ 핫플레이스에서 대화한 내용을 떠올리며 빈칸을 채워보세요.

1

A：明日(あした)の朝(あさ)ごはんは朝市(あさいち)で海鮮丼(かいせんどん)にしませんか。

B：ええ、＿＿＿＿＿＿！

A：내일 아침은 아침 시장에서 가이센동으로 할까요?

B：그래요, 그렇게 해요!

2

A：こんばんは。フロントデスクです。

B：明日(あした)の朝6時(あさろくじ)に＿＿＿＿＿＿をお願(ねが)いします。

A：안녕하세요, 프런트 데스크입니다.

B：내일 아침 6시에 모닝콜을 부탁합니다.

3

A：かしこまりました。朝6時(あさろくじ)ですね。

B：はい、＿＿＿＿＿＿。

A：알겠습니다. 아침 6시죠?

B：네, 부탁합니다.

정답

1 そうしましょう
2 モーニングコール
3 お願(ねが)いします

다음 빈칸에 들어갈 내용을 떠올리며
앞서 다녀온 핫플레이스를 기억해보세요.

05

오타루(小樽) 운하

いつからですか 언제부터입니까?

- 運河のライトアップはいつからですか。
  운하의 야간 조명은 언제부터 들어오나요?
- ＿＿＿＿＿いつからですか。
  입장은 언제부터인가요?
- ＿＿＿＿＿いつからですか。
  백중 연휴는 언제부터인가요?
- お店の＿＿＿＿＿いつからですか。
  가게의 영업시간은 언제부터인가요?
- 期間限定 商 品の販売はいつからですか。
  기간 한정 상품의 판매는 언제부터인가요?

정답

1 入 場 は
2 お盆休みは
3 営 業 時間は

06

하코다테 아침 시장(函館朝市)

~をお願いします ~를 부탁합니다

- 朝 6 時にモーニングコールをお願いします。
  아침 6시에 모닝콜해 주세요.
- ＿＿＿＿＿お願いします。
  체크아웃해 주세요.
- 部屋の掃除をお願いします。
  방 청소를 부탁합니다.
- ＿＿＿＿＿お願いします。
  예약 부탁합니다.
- ＿＿＿＿＿お願いします。
  계산해 주세요.

정답

1 チェック
アウトを
2 予約を
3 お勘 定

A：バーゲンはいつからですか。

B：明日(あした)からです。

A：何(なん)パーセントオフですか。

B：[1]70パーセントオフのものまであります。

A：세일은 언제부터예요?
B：내일부터입니다.
A：몇 % 깎아주나요?
B：70% 세일 품목도 있습니다.

Key Point

バーゲン이라는 말은
バーゲンセール의 준말.
オフ는 가격 인하다.

참고

[1] 70(ななじゅっ)

A：こんばんは。どのようなご用件(ようけん)でしょうか。

B：モーニングコールをお願(ねが)いしたいんですが。

A：かしこまりました。何時(なんじ)におかけしましょうか。

B：6時半(ろくじはん)にお願(ねが)いします。

A：안녕하세요? 무슨 일이십니까?
B：모닝콜을 부탁하려고 하는데요.
A：알겠습니다. 몇 시에 할까요?
B：6시 반에 부탁합니다.

Key Point

'6시 반에'라는 시점을 이야기 할 때는 조사 に를 쓴다.

07

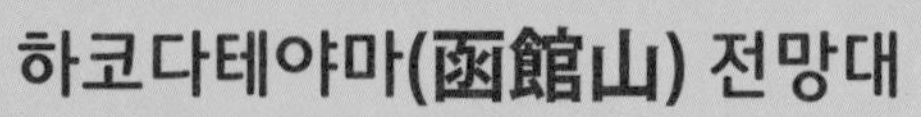

하코다테야마(函館山) 전망대

오늘 배울 표현은 **어디입니까?**

일본인이 세계 3대 야경으로 치켜세우는 하코다테의 야경. 일몰 전부터 깜깜해질 때까지 나타나는 빛의 변화를 접하고 나면 그 이유를 알 수 있다. 연인들은 불빛 속에서 '하트(ハート)'와 '좋아해(スキ)'라는 글자를 찾아내면 서로의 사랑이 깊다고 여기며 좋아한다.

하코다테야마 전망대를 찾는 한국인은 두 가지 팁을 기억하자.

1. 홋카이도는 한국보다 위도가 높아 일몰시간이 이르므로 아름다운 빛의 파노라마를 놓치지 않으려면 조금 이르다 싶은 시각에 케이블카를 타고 정상에 오를 것.
2. 감동적인 풍광을 배경으로 사진을 찍을 때는 강풍에 춤추는 머리카락을 각오할 것.

미리보기

이번 핫플레이스에서는 어떤 대화를 나눌지 살펴볼까요?

1

A：ロープウェイ乗(の)り場(ば)はどこですか。

B：まっすぐ行(い)ってください。
すぐ見(み)えます。

2

A：すごく並(なら)んでいますね。日没(にちぼつ)、見(み)られるかな。

B：心配(しんぱい)しないでください。[1]125人乗(にんの)りですから。

3

A：そんなにたくさん乗(の)れますか。

B：はい。しかも10分間隔(じゅっぷんかんかく)で運行(うんこう)します。

참고

[1] 125 (ひゃくにじゅうご)

1

A：케이블카 타는 곳은 어디예요?

B：직진하세요. 금방 보일 거예요.

2

A：줄이 엄청 기네요. 일몰을 볼 수 있으려나?

B：걱정하지 마세요. 125인승이니까요.

3

A：그렇게 많이 탈 수 있어요?

B：네, 게다가 10분 간격으로 운행해요.

준비하기

오늘의 주요 단어입니다.
학습을 시작하기 전에
단어부터 살펴보아요.

- ロープウェイ 케이블카
- 乗(の)り場(ば) 타는 곳
- まっすぐ 곧장
- 行(い)く 가다
- 見(み)える 보이다
- 並(なら)ぶ 줄 서다, 늘어서다
- 心配(しんぱい) 걱정
- 乗(の)る 타다
- しかも 게다가
- 売(う)り場(ば) 표 파는 곳
- 入(い)り口(ぐち) 입구
- 出口(でぐち) 출구

실전여행

핫플레이스에 가면
이 한마디는 꼭 시도해 보아요.
패턴으로 완벽 암기하세요.

どこですか 어디입니까?

- ロープウェイ乗(の)り場(ば)はどこですか。
  케이블카 타는 곳은 어디예요?

- チケット売(う)り場(ば)はどこですか。
  표 파는 곳은 어디예요?

- トイレはどこですか。
  화장실은 어디예요?

- 入(い)り口(ぐち)はどこですか。
  입구는 어디지요?

- 2番出口(にばんでぐち)はどこですか。
  2번 출구는 어디인가요?

일지쓰기 

핫플레이스에서 대화한 내용을 떠올리며 빈칸을 채워보세요.

1

A：ロープウェイ乗(の)り場(ば)はどこですか。

B：＿＿＿＿行(い)ってください。
　すぐ見(み)えますよ。

A：케이블카 타는 곳은 어디예요?

B：직진하세요. 금방 보일 거예요.

2

A：すごく並(なら)んでいますね。日没(にちぼつ)、
　＿＿＿＿＿＿。

B：＿＿＿＿＿＿。[1] 125人乗(にんの)りですから。

A：줄이 엄청 기네요. 일몰을 볼 수 있으려나?

B：걱정하지 마세요. 125인승이니까요.

3

A：そんなにたくさん乗(の)れますか。

B：はい。＿＿＿＿10分間隔(じゅっぷんかんかく)で運行(うんこう)します。

A：그렇게 많이 탈 수 있어요?

B：네, 게다가 10분 간격으로 운행해요.

참고

1 125 (ひゃくにじゅうご)

정답

1 まっすぐ

2 見(み)られるかな,
　心配(しんぱい)しないでください

3 しかも

08 히로사키(弘前) 공원

오늘 배울 표현은 **언제쯤**

일본의 봄은 발그스레하다. 전국 방방곡곡에 피는 벚꽃 덕분이다. 짧은 기간 찬란한 자태를 뽐내고 져버리는 벚꽃. 그 아름다움을 즐기려고 곳곳에서 축제를 여는 일본인들은 어둠 속에 빛나는 밤 벚꽃과 수면에 거꾸로 비친 벚꽃의 투영마저 사랑한다.

아오모리현(青森県) 히로사키시(弘前市)에 있는 히로사키 공원의 밤 벚꽃, 이른바 '요자쿠라'는 일본에서도 첫 손에 꼽힌다. 400년 된 히로사키 성을 배경으로 흐드러지게 꽃잎을 피운 수천 그루의 왕벚나무는 그 자체로도 환상적이지만, 흩날린 꽃잎이 수면을 뒤덮는 광경은 한번 보면 쉬이 잊히지 않는다. 히로사키 공원 주변의 벚꽃은 4월 말에 만개해 절정의 풍경을 이룬다.

미리보기

이번 핫플레이스에서는 어떤 대화를 나눌지 살펴볼까요?

1

A：桜(さくら)の季節(きせつ)がやってきましたね。

B：そうですね。

2

A：弘前公園(ひろさきこうえん)の見(み)ごろはいつ頃(ごろ)ですか。

B：気象庁(きしょうちょう)の予想(よそう)では[1]4月15日でした。

3

A：4月末(しがつまつ)じゃなくて？

B：はい。例年(れいねん)より少(すこ)し早(はや)いそうです。

참고

[1] 4月15日 (しがつ じゅうごにち)

1

A：벚꽃의 계절이 다가왔네요.

B：그렇네요.

2

A：히로사키 공원의 절정기는 언제쯤일까요?

B：기상청의 예상으로는 4월 15일이던데요.

3

A：4월 말이 아니고요?

B：네. 예년보다 좀 이르다고 하네요.

준비하기

오늘의 주요 단어입니다. 학습을 시작하기 전에 단어부터 살펴보아요.

- 桜(さくら) 벚꽃
- 季節(きせつ) 계절
- やってくる 다가오다, 찾아오다
- 公園(こうえん) 공원
- 見(み)ごろ 가장 보기 좋은 시기
- より 보다
- 少(すこ)し 조금
- 早(はや)い 이르다
- それ 그것
- 都合(つごう) 사정, 형편, 상황
- 分(わ)かる 알다
- 終(お)わる 끝나다

실전여행

핫플레이스에 가면 이 한마디는 꼭 시도해 보아요. 패턴으로 완벽 암기하세요.

いつ頃(ごろ) 언제쯤

- 弘前公園(ひろさきこうえん)の見(み)ごろはいつ頃(ごろ)ですか。
  히로사키 공원의 절정기는 언제쯤일까요?

- それはいつ頃(ごろ)のことですか。
  그건 언제 적 일인가요?

- いつ頃(ごろ)なら都合(つごう)がいいですか。
  언제쯤이면 사정이 좋겠어요?

- いつ頃(ごろ)分(わ)かりますか。
  언제쯤 알 수 있나요?

- いつ頃(ごろ)終(お)わりますか。
  언제쯤 끝나나요?

일지쓰기

핫플레이스에서 대화한 내용을 떠올리며 빈칸을 채워보세요.

1

A：桜(さくら)の季節(きせつ)が＿＿＿＿＿＿。

B：そうですね。

A：벚꽃의 계절이 다가왔네요.

B：그렇네요.

2

A：弘前公園(ひろさきこうえん)の見(み)ごろは＿＿＿＿＿＿。

B：気象庁(きしょうちょう)の予想(よそう)では[1]4月15日でした。

A：히로사키 공원의 절정기는 언제쯤일까요?

B：기상청의 예상으로는 4월 15일이던데요.

3

A：4月末(しがつまつ)じゃなくて？

B：はい。例年(れいねん)＿＿＿少(すこ)し＿＿＿＿＿＿。

A：4월 말이 아니고요?

B：네. 예년보다 좀 이르다고 하네요.

참고

[1] 4月15日 (しがつ じゅうごにち)

정답

1 やってきましたね
2 いつ頃(ごろ)ですか
3 より, 早(はや)いそうです

기억하기

다음 빈칸에 들어갈 내용을 떠올리며
앞서 다녀온 핫플레이스를 기억해보세요.

07

하코다테야마(函館山) 전망대

どこですか 어디입니까?

- ロープウェイ乗り場は＿＿＿＿＿。
  케이블카 타는 곳은 어디예요?
- ＿＿＿＿＿はどこですか。
  표 파는 곳은 어디예요?
- トイレはどこですか。
  화장실은 어디예요?
- ＿＿＿＿＿はどこですか。
  입구는 어디지요?
- ２番出口はどこですか。
  2번 출구는 어디인가요?

정답

1 どこですか
2 チケット売り場
3 入り口

08

히로사키(弘前) 공원

いつ頃 언제쯤

- 弘前公園の＿＿＿＿＿＿＿＿。
  히로사키 공원의 절정기는 언제쯤일까요?
- それは＿＿＿＿＿＿＿ですか。
  그건 언제 적 일인가요?
- ＿＿＿＿＿都合がいいですか。
  언제쯤이면 사정이 좋겠어요?
- いつ頃分かりますか。
  언제쯤 알 수 있나요?
- いつ頃終わりますか。
  언제쯤 끝나나요?

정답

1 見ごろは いつ頃ですか
2 いつ頃のこと
3 いつ頃なら

A：すみません。

b：はい、何でしょう。

A：2番出口はどこですか。

B：あの角を右に曲がるとすぐ見えます。

A : 실례합니다.
B : 네, 무슨 일이시죠?
A : 2번 출구는 어딘가요?
B : 저 모퉁이를 오른쪽으로 돌면 바로 보입니다.

Key Point

~を右(左)に曲まがる는 '~을 오른쪽(왼쪽)으로 돌다' 라는 뜻이다.

A：公演はいつ頃終わりますか。

B：5時 終 了 予定ですが、少し遅くなる場合もあります。

A：そうですか。

B：遅くても5時10分ごろには終わります。

A : 공연은 언제쯤 끝나요?
B : 5시 종료 예정인데 조금 늦어지는 경우도 있습니다.
A : 그래요?
B : 늦어도 5시 10분 무렵에는 끝날 겁니다.

Key Point

마지막 문장에 나온 遅くても 외에 '일러도'라는 뜻의 早くても도 시간을 나타내는 표현이다.

또 遅くなる의 반대 의미인 '일러지다' 즉 早くなる도 활용도가 높다.

09 야마가타(山形) 자오(蔵王) 온천 스키장

오늘 배울 표현은 ~은, ~라는 것은, ~라는

야마가타 자오 온천 스키장은 일본 혼슈(本州) 북서부의 야마가타현(山形県)에 자리 잡고 있다. 봄, 여름, 가을도 수려한 자연 경관으로 유명하지만, 천연 자연설과 수빙(樹氷)이 장관을 이루는 겨울철이야말로 가장 빛나는 계절이다.
수빙은 나뭇가지에 안개가 얼어서 굳고, 그 위에 다시 얼어붙기를 반복하며 만들어진다. 두꺼운 눈과 얼음의 갑옷을 입은 나무 사이를 전 세계에서 몰려든 스키어들과 함께 질주하는 즐거움은 참으로 짜릿할 터. 원 없이 스키를 즐기고 난 다음에는 1900년 역사의 유황 온천에 몸을 담그고 일본에서 가장 맛있는 소고기라는 요네자와규(米沢牛)도 맛볼 수 있다.

미리보기

이번 핫플레이스에서는 어떤 대화를 나눌지 살펴볼까요?

1

A：あ、きれい！

B：あれが樹氷(じゅひょう)です。

2

A：樹氷(じゅひょう)？樹氷(じゅひょう)って何(なん)ですか。

B：冷(ひ)えた木々(きぎ)に霧(きり)がくっついて凍(こお)ったものです。

3

A：じゃ、樹氷(じゅひょう)って雪(ゆき)の花(はな)じゃなくて氷(こおり)の花(はな)ですね。

B：言(い)われてみればそうですね。

1

A：와, 예쁘다!

B：저게 수빙이에요.

2

A：수빙? 수빙이라는 건 뭔데요?

B：차가운 나무에 안개가 얼어붙은 거예요.

3

A：그럼 수빙은 눈꽃이 아니라 얼음꽃이네요.

B：듣고 보니 그러네요.

준비하기

오늘의 주요 단어입니다.
학습을 시작하기 전에
단어부터 살펴보아요.

- 冷(ひ)える 차가워지다
- 霧(きり) 안개
- くっつく 들러붙다
- 凍(こお)る 얼다
- 雪(ゆき) 눈
- 氷(こおり) 얼음
- 牛肉(ぎゅうにく) 소고기
- 楽(たの)しい 즐겁다
- 国(くに) 나라
- 広(ひろ)い 넓다

실전여행

핫플레이스에 가면
이 한마디는 꼭 시도해 보아요.
패턴으로 완벽 암기하세요.

~って ~은, ~라는 것은, ~라는

- 樹氷(じゅひょう)って何(なん)ですか。
  수빙이라는 건 뭡니까?

- これってどういう意味(いみ)ですか。
  이건 무슨 뜻인가요?

- 米沢牛(よねざわぎゅう)って牛肉(ぎゅうにく)のブランドですか。
  요네자와규라는 게 소고기 브랜드예요?

- スキーってすごく楽(たの)しいですね。
  스키라는 거 정말 재미있네요.

- 日本(にほん)って国(くに)は広(ひろ)いですね。
  일본이란 나라는 넓네요.

일지쓰기

핫플레이스에서 대화한 내용을 떠올리며 빈칸을 채워보세요.

1

A：あ、________！

B：あれが樹氷(じゅひょう)です。

A：와, 예쁘다!

B：저게 수빙이에요.

2

A：樹氷(じゅひょう)？樹氷(じゅひょう)__________。

B：冷(ひ)えた木々(きぎ)に霧(きり)がくっついて凍(こお)ったものです。

A：수빙? 수빙이라는 건 뭔데요?

B：차가운 나무에 서리가 얼어붙은 거예요.

3

A：じゃ樹氷(じゅひょう)____、雪(ゆき)の花(はな)じゃなくて氷(こおり)の花(はな)ですね。

B：__________そうですね。

A：그럼 수빙은 눈꽃이 아니라 얼음꽃이네요.

B：듣고 보니 그러네요.

정답

1 きれい
2 って何(なん)ですか
3 って, 言(い)われてみれば

핫플레이스 일본 여행
간토

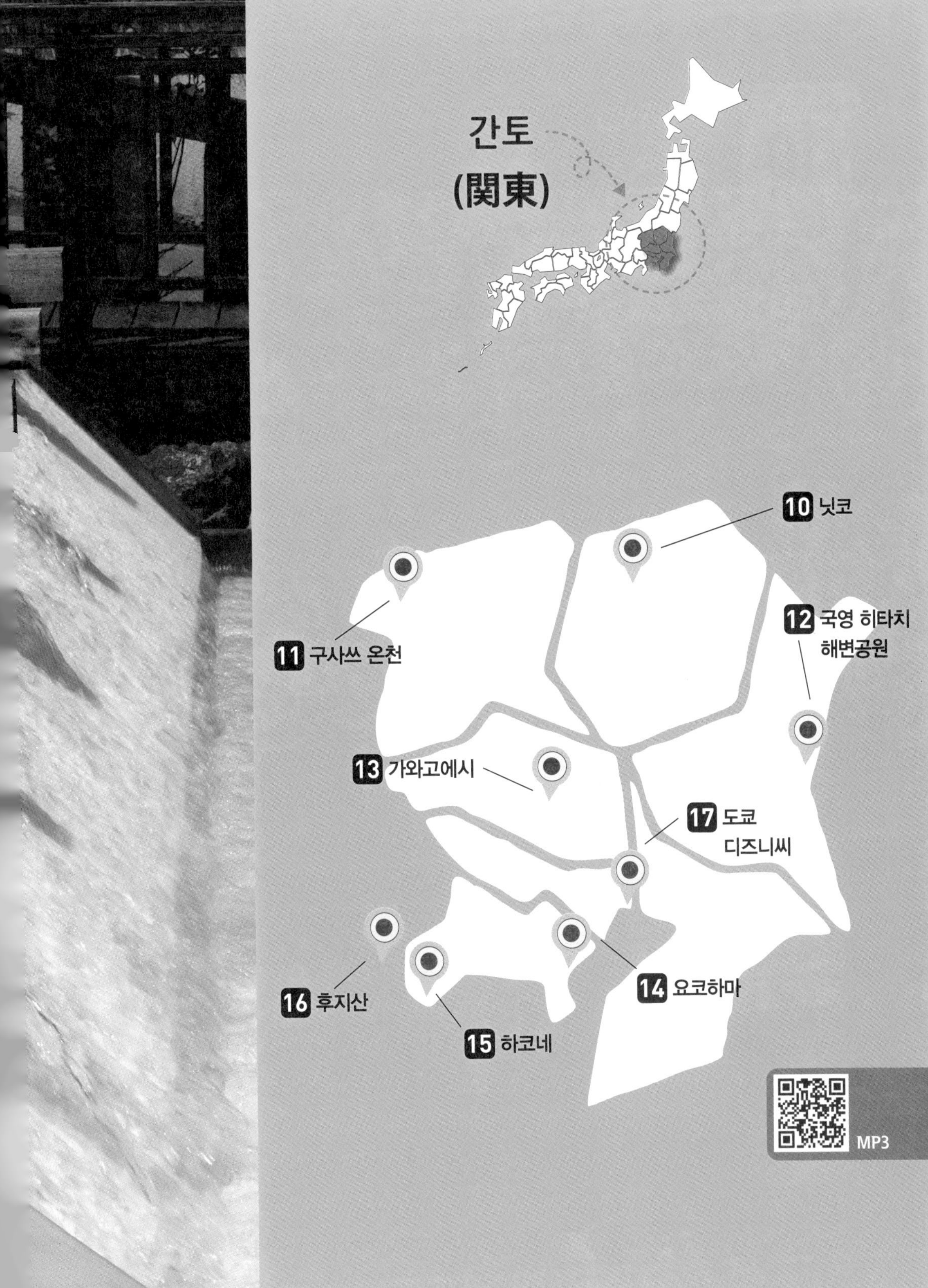
간토
(関東)
10 닛코
11 구사쓰 온천
12 국영 히타치 해변공원
13 가와고에시
17 도쿄 디즈니씨
14 요코하마
16 후지산
15 하코네
MP3

10 닛코(日光)

오늘 배울 표현은 아세요?

닛코는 도치기현(栃木県)에 있는 시로 도쿄에서 세 시간이면 도착할 수 있어 아침 일찍 출발하면 당일치기로 다녀올 수 있는 인기 관광지다. 17세기부터 들어섰다는 화려하고 예술적인 사당과 사원들은 1999년 유네스코 세계문화유산에 등재된 바 있다. 그중에서도 대표적인 건축물은 도쿠가와 이에야스(徳川家康, 1542~1616)를 기리는 사당인 도쇼구(東照宮)로 불교 사원과 일본 신사 건축양식이 혼합된 건축의 백미로 꼽힌다. 경내 건축물에 새겨진 조각은 아름답기가 이루 말할 수 없으니 놓치지 말고 주목할 것! 주변에 일본 3대 폭포로 꼽히는 게곤폭포(華厳滝)까지 있으니 짧은 여행을 위해서는 더할 나위 없이 좋은 곳이다.

미리보기

이번 핫플레이스에서는 어떤 대화를 나눌지 살펴볼까요?

1

A：日光(にっこう)では着物(きもの)をレンタルできますよ。

B：本当(ほんとう)ですか！ぜひ着(き)てみたいです。

2

A：ヘアセットも頼(たの)めるそうです。

B：それはもう最高(さいこう)ですね！

3

A：東照宮(とうしょうぐう)にはだれが祭(まつ)られているのか知(し)っていますか。

B：それくらい知(し)っていますよ。徳川家康(とくがわいえやす)じゃないですか。

1

A：닛코에서는 기모노를 대여할 수 있어요.

B：정말요? 꼭 입어보고 싶어요.

2

A：헤어 세팅도 부탁할 수 있대요.

B：그거 정말 최고네요!

3

A：도쇼구는 누구를 기리는지 알아요?

B：그 정도는 알아요. 도쿠가와 이에야스잖아요.

준비하기

오늘의 주요 단어입니다.
학습을 시작하기 전에
단어부터 살펴보아요.

- 着物(きもの) 기모노
- ぜひ 꼭
- 着(き)る 입다
- 頼(たの)む 부탁하다
- もう 이제, 벌써, 그야말로
- だれ 누구
- 祭(まつ)る 제사 지내다, 모시다
- 場所(ばしょ) 장소
- 閉(し)まる 닫히다
- 開(あ)く 열리다

실전여행

핫플레이스에 가면
이 한마디는 꼭 시도해 보아요.
패턴으로 완벽 암기하세요.

知(し)っていますか 아세요?

- だれが祭(まつ)られているのか知(し)っていますか。
  누구를 기리는지 알아요?

- サクラホテルってどこにあるか知(し)っていますか。
  사쿠라 호텔이란 데가 어디에 있는지 아세요?

- ここはどんな場所(ばしょ)か知(し)っていますか。
  여기는 어떤 장소인지 아세요?

- あの店(みせ)は何時(なんじ)に閉(し)まるか知(し)っていますか。
  그 가게는 몇 시에 닫히는지 아세요?

- 何時(なんじ)まで開(あ)いているか知(し)っていますか。
  몇 시까지 열려 있는지 아세요?

일지쓰기

핫플레이스에서 대화한 내용을 떠올리며 빈칸을 채워보세요.

1

A：日光(にっこう)では着物(きもの)をレンタルできますよ。

B：本当(ほんとう)ですか！＿＿着(き)てみたいです。

A：닛코에서는 기모노를 대여할 수 있어요.

B：정말요? 꼭 입어보고 싶어요.

2

A：ヘアセットも＿＿＿＿＿そうです。

B：それはもう最高(さいこう)ですね！

A：헤어 세팅도 부탁할 수 있대요.

B：그거 정말 최고네요!

3

A：東照宮(とうしょうぐう)にはだれが＿＿＿＿＿のか知(し)っていますか。

B：それくらい知(し)っていますよ。徳川家康(とくがわいえやす)じゃないですか。

A：도쇼구는 누구를 기리는지 알아요?

B：그 정도는 알아요. 도쿠가와 이에야스잖아요.

정답

1 ぜひ
2 頼(たの)める
3 祭(まつ)られている

기억하기

다음 빈칸에 들어갈 내용을 떠올리며
앞서 다녀온 핫플레이스를 기억해보세요.

09

야마가타(山形) 자오(蔵王) 온천 스키장

~って ~은, ~라는 것은, ~라는

- 樹氷(じゅひょう)_____何(なん)ですか。
  수빙이라는 건 뭡니까?
- これって________ですか。
  이건 무슨 뜻인가요?
- 米沢牛(よねざわぎゅう)って牛肉(ぎゅうにく)のブランドですか。
  요네자와규란 게 소고기 브랜드예요?
- スキーってすごく楽(たの)しいですね。
  스키란 거, 정말 재미있네요.
- ________は広(ひろ)いですね。
  일본이란 나라는 넓네요.

정답

1 って
2 どういう意味(いみ)
3 日本(にほん)って国(くに)

10

닛코(日光)

知っていますか 아세요?

- だれが祭(まつ)られているのか知(し)っていますか。
  누구를 기리는지 알아요?
- サクラホテルって________知(し)っていますか。
  사쿠라 호텔이란 데가 어디에 있는지 아세요?
- ここはどんな場所(ばしょ)か知(し)っていますか。
  여기는 어떤 장소인지 아세요?
- あの店(みせ)は何時(なんじ)に________知(し)っていますか。
  그 가게는 몇 시에 닫히는지 아세요?
- 何時(なんじ)から何時(なんじ)まで開(あ)いているか知(し)っていますか。
  몇 시부터 몇 시까지 열려 있는지 아세요?

정답

1 どこにあるか
2 閉(し)まるか

A：ちょっとすみません。

B：はい。

A：ここに「マルコ」ってお店があったと思うんですけど……

B：あ、「マルコ」は先月移転しました。

A : 잠깐만 실례할게요.
B : 네.
A : 여기 '마르코'라는 가게가 있었던 것 같은데…….
B : 아, '마르코'는 지난달에 이전했어요.

Key Point

누군가를 불러 주의를 끌 때는 ちょっとすみません 외에도 すみません이나 あの…… 등을 쓸 수 있다.

A：あの店は何時に閉まるか知っていますか。

B：今日は確かに夜9時に閉まります。

A：毎日同じですか。

B：週末はたぶん10時まで開いていると思いますけど、確かではありません。

A : 그 가게는 몇 시에 닫히는지 아세요?
B : 오늘은 분명 9시에 닫혀요.
A : 매일 똑같아요?
B : 주말은 아마 10시까지 열려 있는 것 같은데, 확실하지는 않아요.

Key Point

確かに와 たぶん은 전달하는 정보가 확실한지, 불확실한 추측인지에 따라 골라 쓰면 된다.

11

구사쓰(草津) 온천

오늘 배울 표현은 무슨 ~인가요?

일본 3대 온천 중 하나인 군마현(群馬県)의 구사쓰 온천은 그 역사가 900년이나 되고, 온천수의 산도가 높아 살균 및 질환 치료 효과가 탁월하다고 알려져 있다. 또 자연 용출량이 일본에서 가장 많아 용출수의 대부분을 저장하지 않고 흘려보낸다. 그런데 이곳 용출수는 얼마나 온도가 높은지 '유바타케(湯畑)'라 부르는 나무 시설물에 흘려서 식힌 다음에야 온천수로 사용한다고 한다. 그 덕에 유바타케에서는 사시사철 유황 냄새와 함께 뜨거운 김이 솟아오르는 광경을 볼 수 있다. 용출수의 온도를 낮추는 과정으로는 온천수를 나무판자로 젓는 '유모미(湯もみ)'라는 작업도 있는데 구사쓰 온천만의 전통으로 계승되고 있다. 유모미는 관광객을 대상으로 한 쇼를 통해 볼 수 있다.

미리보기

이번 핫플레이스에서는 어떤 대화를 나눌지 살펴볼까요?

1

A：ううん、臭(くさ)い！

B：ハハ。臭(にお)いがするでしょう。

2

A：一体何(いったいなん)の臭(にお)いですか。

B：硫黄(いおう)の臭(にお)いです。
ここは硫黄泉(いおうせん)ですから。

3

A：ところでお腹(なか)すいていませんか。

B：温泉卵(おんせんたまご)でもどうですか。

1

A：으으, 냄새!

B：하하하, 냄새나죠?

2

A：대체 무슨 냄새예요?

B：유황 냄새예요. 여긴 유황 온천이니까요.

3

A：그나저나 배고프지 않아요?

B：온천 달걀이라도 어때요?

준비하기

오늘의 주요 단어입니다.
학습을 시작하기 전에
단어부터 살펴보아요.

- 臭(くさ)い 구리다
- 臭(にお)いがする 냄새가 나다
- 一体(いったい) 대체
- ところで 그런데
- お腹(なか)がすく 배가 고프다
- 列(れつ) 줄
- 肉(にく) 고기
- 書(か)く 쓰다
- 料金(りょうきん) 요금

실전여행

핫플레이스에 가면
이 한마디는 꼭 시도해 보아요.
패턴으로 완벽 암기하세요.

何(なん)の~ですか 무슨 ~인가요?

- 一体何(いったいなん)の臭(にお)いですか。
  대체 무슨 냄새죠?

- これは何(なん)の列(れつ)ですか。
  이건 무슨 줄이에요?

- これは何(なん)の肉(にく)ですか。
  이건 무슨 고기예요?

- ここに書(か)いてあるのは何(なん)の料金(りょうきん)ですか。
  여기 쓰여 있는 건 무슨 요금인가요?

- あのサングラスは何(なん)のブランドですか。
  저 선글라스는 무슨 브랜드예요?

일지쓰기 

▶ 핫플레이스에서 대화한 내용을 떠올리며 빈칸을 채워보세요.

1

A：ううん、臭い！

B：ハハ。 ＿＿＿＿＿でしょう。

A：으으, 냄새!

B：하하하, 냄새나죠?

2

A：一体＿＿＿＿＿。

B：硫黄の臭いです。
ここは硫黄泉ですから。

A：대체 무슨 냄새예요?

B：유황 냄새예요. 여긴 유황 온천이니까요.

3

A：ところで＿＿＿＿＿。

B：温泉 卵 でもどうですか。

A：그나저나 배고프지 않아요?

B：온천 달걀이라도 어때요?

정답

1 臭いがする
2 何の臭いですか
3 お腹すいていませんか

국영 히타치 해변공원(国営ひたち海浜公園)

오늘 배울 표현은 **얼마인가요?**

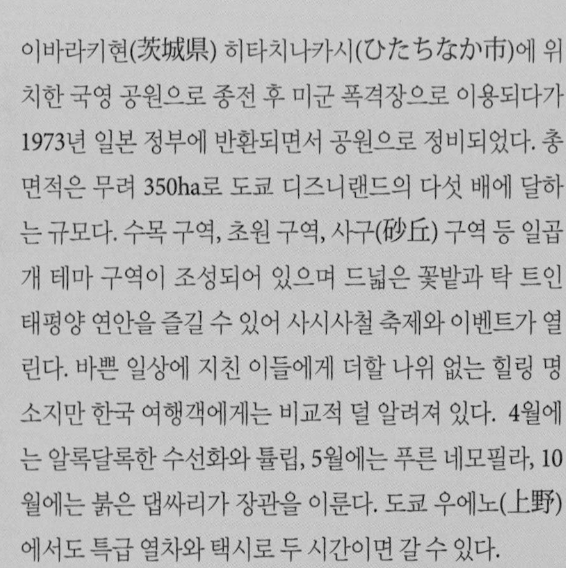

이바라키현(茨城県) 히타치나카시(ひたちなか市)에 위치한 국영 공원으로 종전 후 미군 폭격장으로 이용되다가 1973년 일본 정부에 반환되면서 공원으로 정비되었다. 총 면적은 무려 350ha로 도쿄 디즈니랜드의 다섯 배에 달하는 규모다. 수목 구역, 초원 구역, 사구(砂丘) 구역 등 일곱 개 테마 구역이 조성되어 있으며 드넓은 꽃밭과 탁 트인 태평양 연안을 즐길 수 있어 사시사철 축제와 이벤트가 열린다. 바쁜 일상에 지친 이들에게 더할 나위 없는 힐링 명소지만 한국 여행객에게는 비교적 덜 알려져 있다. 4월에는 알록달록한 수선화와 튤립, 5월에는 푸른 네모필라, 10월에는 붉은 댑싸리가 장관을 이룬다. 도쿄 우에노(上野)에서도 특급 열차와 택시로 두 시간이면 갈 수 있다.

미리보기

이번 핫플레이스에서는 어떤 대화를 나눌지 살펴볼까요?

참고

1 410(よんひゃくじゅう)
2 80(はちじゅう)

1

A：入場料(にゅうじょうりょう)はいくらですか。

B：大人(おとな)[1]410円(えん)、子供(こども)[2]80円(えん)です。

2

A：この子(こ)はどうなりますか。

B：お子(こ)さん、おいくつですか。

3

A：5歳(ごさい)です。

B：6歳未満(ろくさいみまん)のお子(こ)さんは無料(むりょう)です。

1

A：입장료는 얼마인가요?

B：대인 410엔, 소인 80엔입니다.

2

A：이 아이는 어떻게 되나요?

B：자제분이 몇 살입니까?

3

A：다섯 살요.

B：6세 미만 소인은 무료입니다.

준비하기

오늘의 주요 단어입니다.
학습을 시작하기 전에
단어부터 살펴보아요.

- 大人(おとな) 어른
- 子供(こども) 아이
- どう 어떻게
- お子(こ)さん 자제분
- いくつ 몇 개, 몇 살
- 一(ひと)つ 하나
- ウォン 원(한국 돈)
- 今日(きょう) 오늘
- 為替(かわせ)レート 환율

실전여행

핫플레이스에 가면
이 한마디는 꼭 시도해 보아요.
패턴으로 완벽 암기하세요.

いくらですか 얼마인가요?

- 入場料(にゅうじょうりょう)はいくらですか。
  입장료는 얼마예요?
- 一(ひと)ついくらですか。
  하나 얼마예요?
- 勝田(かつた)までいくらですか。
  가쓰타까지 얼마예요?
- じゃあ、ウォンではいくらですか。
  그럼 원으로 하면 얼마지요?
- 今日(きょう)の為替(かわせ)レートはいくらですか。
  오늘 환율은 얼마예요?

일지쓰기

핫플레이스에서 대화한 내용을 떠올리며 빈칸을 채워보세요.

참고

1 410(よんひゃくじゅう)

2 80(はちじゅう)

정답

1 いくらですか

2 おいくつですか

3 6歳未満(ろくさいみまん), 無料(むりょう)

1

A：入場料(にゅうじょうりょう)は＿＿＿＿＿＿。

B：大人(おとな)[1]410円(えん)、子供(こども)[2]80円(えん)です。

A：입장료는 얼마인가요?

B：대인 410엔, 소인 80엔입니다.

2

A：この子(こ)はどうなりますか。

B：お子(こ)さん、＿＿＿＿＿＿。

A：이 아이는 어떻게 되나요?

B：자제분이 몇 살입니까?

3

A：5歳(ごさい)です。

B：＿＿＿＿＿＿のお子(こ)さんは＿＿＿＿です。

A：다섯 살요.

B：6세 미만 소인은 무료입니다.

다음 빈칸에 들어갈 내용을 떠올리며
앞서 다녀온 핫플레이스를 기억해보세요.

11

구사쓰(草津) 온천

何の~ですか 무슨 ~인가요?

- ______何(なん)の臭(にお)いですか。
  대체 무슨 냄새죠?
- これは何(なん)の列(れつ)ですか。
  이건 무슨 줄이에요?
- これは__________ですか。
  이건 무슨 고기예요?
- ここに書(か)いてあるのは何(なん)の料金(りょうきん)ですか。
  여기 쓰여 있는 건 무슨 요금인가요?
- あのサングラスは__________ですか。
  저 선글라스는 무슨 브랜드예요?

정답

1 一体(いったい)
2 何(なん)の肉(にく)
3 何(なん)のブランド

12

국영 히타치 해변공원(国営ひたち海浜公園)

いくらですか 얼마인가요?

- 入場料(にゅうじょうりょう)はいくらですか。
  입장료는 얼마예요?
- _______いくらですか。
  하나 얼마예요?
- 勝田(かつた)までいくらですか。
  가쓰타까지 얼마예요?
- じゃあ、__________いくらですか。
  그럼 원으로 하면 얼마지요?
- 今日(きょう)の__________はいくらですか。
  오늘 환율은 얼마예요?

정답

1 一(ひと)つ
2 ウォンでは
3 為替(かわせ)レートは

A：これは何(なん)の木(き)ですか。

B：ヒノキです。

A：ヒノキ？いい香(かお)りがしますね。

B：でしょ？心身(しんしん)のリラックスを促(うなが)す香(かお)りです。

A : 이건 무슨 나무인가요?

B : 편백 나무예요.

A : 편백 나무? 좋은 향이 나네요.

B : 그렇죠? 심신의 이완을 촉진하는 향이죠.

Key Point

でしょ는 상대의 확인과 동의를 구하는 의미로 쓰인다. でしょう의 う가 생략된 회화체다.

A：一泊(いっぱく)いくらですか。

B：朝食付(ちょうしょくつ)きですと1万8千円(いちまんはっせんえん)でございます。

A：もっと安(やす)いプランはありませんか。

B：素泊(すど)まりは1万5千円(いちまんごせんえん)でご用意(ようい)できます。

A : 1박 얼마예요?

B : 조식 포함이면 만 8천 엔입니다 .

A : 더 싼 상품은 없습니까?

B : 숙박만 할 경우는 만 5천 엔에 준비할 수 있습니다.

Key Point

손님과 호텔 직원 간 대화다. でございます는 です의 경어, ご用意(ようい)는 用意(ようい)의 경어다. 또 素泊(すど)まり는 식사 없이 숙박만 한다는 의미다.

13 가와고에시(川越市)

오늘 배울 표현은 **추천은~**

도쿄 도심에서 한 시간 거리에 '작은 에도(小江戸)'라 불리는 관광명소가 있다. 사이타마현(埼玉県) 가와고에시다. 에도 시대(1603~1867)에는 가와고에 성의 성시로 번성했던 지역이다. 1630년대에 처음 만들어져 1894년에 재건된 종탑 '도키노카네(時の鐘)'를 비롯해 100년 이상 된 점포가 즐비한 과자 골목, 번성했던 양조장의 흔적, 갖가지 음식점이 인기를 얻고 있다. 약 세 시간이면 곳곳을 돌아볼 수 있어 짧은 여행 중 들를 수 있다는 점도 장점이다. 도쿄 이케부쿠로(池袋)역에서 '가와고에 디스카운트 패스'를 구입하면 도부선(東武線)과 가와고에 시내버스, 그리고 협찬 점포를 이용할 수 있다.

미리보기

이번 핫플레이스에서는 어떤 대화를 나눌지 살펴볼까요?

1

A：これ、なんて書(か)いてありますか。

B：お土産(みやげ)です。

2

A：「オミヤゲ」？

B：旅行(りょこう)から帰(かえ)るときに買(か)って知(し)り合(あ)いに配(くば)ったり、人(ひと)を訪問(ほうもん)するときに持(も)っていく贈(おく)り物(もの)です！

3

A：こちらのおすすめは何(なん)ですか。

B：この煎餅(せんべい)です。

1

A : 이거, 뭐라고 쓰여있는 거죠?

B : '오미야게'입니다.

2

A : '오미야게'?

B : 여행지에서 돌아갈 때 사서 지인에게 나눠주거나, 남을 방문할 때 들고 가는 선물입니다.

3

A : 이 집의 추천(상품)은 뭔가요?

B : 이 전병입니다.

준비하기

오늘의 주요 단어입니다.
학습을 시작하기 전에
단어부터 살펴보아요.

- お土産(みやげ) (여행지에서 사 오거나 방문지에 들고 가는 선물)
- 旅行(りょこう) 여행
- 買(か)う 사다
- 知(し)り合(あ)い 지인
- 配(くば)る 나누다
- 人(ひと) 남, 사람
- 訪問(ほうもん) 방문
- 持(も)つ 가지다
- 贈(おく)り物(もの) 선물
- 煎餅(せんべい) 전병
- ある 있다

실전여행

핫플레이스에 가면
이 한마디는 꼭 시도해 보아요.
패턴으로 완벽 암기하세요.

おすすめは～ 추천은～

- こちらのおすすめは何(なん)ですか。
  이 집의 추천(상품)은 뭔가요?
- 今日(きょう)のおすすめは何(なん)ですか。
  오늘의 추천은 뭔가요?
- おすすめの料理(りょうり)は何(なん)ですか。
  추천하는 요리는 뭔가요?
- おすすめのホテルはどこですか。
  추천하는 호텔은 어디예요?
- 何(なに)かおすすめはありますか。
  뭔가 추천할 게 있나요?

일지쓰기 

핫플레이스에서 대화한 내용을 떠올리며 빈칸을 채워보세요.

1

A：これ、なんて＿＿＿＿＿ありますか。

B：お土産(みやげ)です。

A：이거, 뭐라고 쓰여있는 거죠?

B：'오미야게'입니다.

2

A：「オミヤゲ」？

B：旅行(りょこう)から帰(かえ)るときに＿＿＿＿＿知(し)り合(あ)いに＿＿＿＿＿、人(ひと)を訪問(ほうもん)するときに＿＿＿＿＿贈(おく)り物(もの)です！

A：'오미야게'?

B：여행지에서 돌아갈 때 사서 지인에게 나눠주거나, 남을 방문할 때 들고 가는 선물입니다.

3

A：こちらの＿＿＿＿＿は何(なん)ですか。

B：この煎餅(せんべい)です。

A：이 집의 추천(상품)은 뭔가요?

B：이 전병입니다.

정답

1 書(か)いて

2 買(か)って，配(くば)ったり，持(も)っていく

3 おすすめ

14 요코하마(横浜)

오늘 배울 표현은 **떨어뜨리다, 잃어버리다**

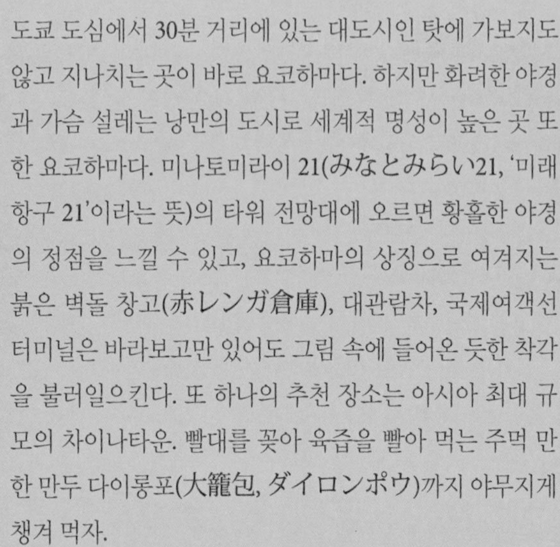

도쿄 도심에서 30분 거리에 있는 대도시인 탓에 가보지도 않고 지나치는 곳이 바로 요코하마다. 하지만 화려한 야경과 가슴 설레는 낭만의 도시로 세계적 명성이 높은 곳 또한 요코하마다. 미나토미라이 21(みなとみらい21, '미래 항구 21'이라는 뜻)의 타워 전망대에 오르면 황홀한 야경의 정점을 느낄 수 있고, 요코하마의 상징으로 여겨지는 붉은 벽돌 창고(赤レンガ倉庫), 대관람차, 국제여객선 터미널은 바라보고만 있어도 그림 속에 들어온 듯한 착각을 불러일으킨다. 또 하나의 추천 장소는 아시아 최대 규모의 차이나타운. 빨대를 꽂아 육즙을 빨아 먹는 주먹 만한 만두 다이롱포(大籠包, ダイロンポウ)까지 야무지게 챙겨 먹자.

미리보기

이번 핫플레이스에서는
어떤 대화를 나눌지
살펴볼까요?

1

A：豪華(ごうか)な船(ふね)ですね。

B：３月(さんがつ)になると超大型客船(ちょうおおがたきゃくせん)もたくさん入(はい)ってきます。

2

A：大(おお)さん橋(ばし)は建物自体(たてものじたい)もきれいですね。

B：くじらの背中(せなか)をかたどったそうです。

3

B：どうしたんですか。

A：写真(しゃしん)を撮(と)りたいんですけど、携帯(けいたい)がありません！
どこかに落(お)としてきちゃった！

1

A：호화로운 배네요.

B：3월이 되면 초대형 여객선도 많이 들어와요.

2

A：오산바시 터미널은 건물 자체도 아름답네요.

B：고래의 등을 본뜬 거래요.

3

B：왜 그래요?

A：사진을 찍고 싶은데, 휴대폰이 없어요!
어딘가에 떨어뜨렸네!

준비하기

오늘의 주요 단어입니다.
학습을 시작하기 전에
단어부터 살펴보아요.

- 豪華(ごうか) 호화로움
- 船(ふね) 배
- 多(おお)い 많다
- 建物(たてもの) 건물
- くじら 고래
- 背中(せなか) 등
- かたどる 본뜨다
- 携帯(けいたい) 휴대(휴대폰의 줄임말)
- 落(お)とす 떨어뜨리다, 잃어버리다
- 見(み)つかる 발견되다
- 財布(さいふ) 지갑

실전여행

핫플레이스에 가면
이 한마디는 꼭 시도해 보아요.
패턴으로 완벽 암기하세요.

落(お)とした 떨어뜨리다, 잃어버리다

- どこかに落(お)としてきちゃった！
  어딘가에 떨어뜨렸네!
- チケットが見(み)つかりません。落(お)としたのかな。
  티켓이 안 보여요. 잃어버린 건가?
- クレジットカードを落(お)としました。
  신용카드를 잃어버렸어요.
- 駅(えき)の周辺(しゅうへん)で財布(さいふ)を落(お)としてしまいました。
  역 주변에서 지갑을 잃어버렸어요.
- 銀行(ぎんこう)のＡＴＭ付近(ふきん)で落(お)としたらしいです。
  은행 ATM기 부근에서 잃어버린 모양이에요.

일지쓰기

▶ 핫플레이스에서 대화한 내용을 떠올리며 빈칸을 채워보세요.

1

A：豪華な船ですね。

B：＿＿＿＿＿ 超大型客船もたくさん入ってきます。

A：호화로운 배네요.

B：3월이 되면 초대형 여객선도 많이 들어와요.

2

A：大さん橋は建物自体もきれいですね。

B：＿＿＿＿＿の背中をかたどったそうです。

A：오산바시 터미널은 건물 자체도 아름답네요.

B：고래의 등을 본뜬 거래요.

3

B：＿＿＿＿＿。

A：写真を撮りたいんですけど、携帯がありません！
どこかに落としてきちゃった！

B：왜 그래요?

A：사신을 찍고 싶은데, 휴대폰이 없어요!
어딘가에 떨어뜨렸네!

정답

1 3月になると
2 くじら
3 どうしたんですか

기억하기

다음 빈칸에 들어갈 내용을 떠올리며
앞서 다녀온 핫플레이스를 기억해보세요.

13

가와고에시(川越市)

おすすめは~ 추천은~

- こちらの________何(なん)ですか。
  이 집의 추천(상품)은 뭔가요?
- ________何(なん)ですか。
  오늘의 추천은 뭔가요?
- ________何(なん)ですか。
  추천하는 요리는 뭔가요?
- おすすめのホテルはどこですか。
  추천하는 호텔은 어디예요?
- 何(なに)かおすすめはありますか。
  뭔가 추천할 게 있나요?

정답

1 おすすめは
2 今日(きょう)の おすすめは
3 おすすめの 料理(りょうり)は

14

요코하마(横浜)

落とした 떨어뜨리다, 잃어버리다

- どこかに落(お)としてきちゃった！
  어딘가에 떨어뜨렸네!
- チケットが見(み)つかりません。落(お)としたのかな。
  티켓이 안 보여요. 잃어버린 건가?
- クレジットカードを落(お)としました。
  신용카드를 잃어버렸어요.
- 駅(えき)の周辺(しゅうへん)で________。
  역 주변에서 지갑을 잃어버렸어요.
- 銀行(ぎんこう)のＡＴＭ________です。
  은행 ATM기 부근에서 잃어버린 모양이에요.

정답

1 財布(さいふ)を落(お)として しまいました
3 付近(ふきん)で 落(お)としたらしい

A：おすすめは何ですか。

B：メロンパンです。一番人気です。

A：メロンが入っていますか。

B：いいえ。ビスケット生地のひびがマスクメロンに似ていてそう呼ばれています。

A : 추천(상품)은 뭐예요?

B : 멜론 빵입니다. 가장 인기가 좋아요.

A : 멜론이 들어있나요?

B : 아니오. 비스킷 반죽이 갈라진 모양이 머스크멜론과 닮아서 그렇게 불립니다.

Key Point

'A가 B를 닮다'라고 말할 때는 AがBに似ている를 쓴다. 조사 に를 쓰는 데 주의한다.

A：財布がありません！

B：カバンの中にもありませんか。

A：ありません。落としたか、盗まれたかしてしまったようです。

B：まずは、さっき立ち寄ったところに戻ってみましょう。

A : 지갑이 없어요!

B : 가방 안에도 없어요?

A : 없어요. 떨어뜨리거나 도둑 맞거나 한 것 같아요.

B : 우선은 아까 들렀던 곳으로 돌아가 봅시다.

Key Point

'잃어버리다'라는 동사로는 落とす, 紛失する 등을 쓰고 잃어버린 물건은 落とし物, 遺失物를 쓴다. 그 외에 '깜빡 잊고 놓고 온 물건'은 忘れ物, '도난당하다'라는 표현은 盗まれる를 쓴다.

15

하코네(箱根)

오늘 배울 표현은 **~해도 된다**

하코네는 가나가와현(神奈川県) 남서부에 있으며 도쿄에서 열차로 두 시간 내에 도착할 수 있어 당일치기 여행 코스로 많이 선택하는 지역이다. 활화산의 열기를 그대로 느낄 수 있는 오와쿠다니(大涌谷)와 명물인 검은 달걀, 아시노코(芦ノ湖) 호수의 유람선, 최고 수준의 온천과 료칸, 아기자기한 소규모 미술관과 맛집, 호수 옆 신사와 물속에 선 도리이(鳥居) 등 '읍'에 해당하는 작은 지역이면서도 볼거리가 차고 넘친다('도리이'는 신사 입구에 세우는 문으로 물속에 세워진 도리이는 일본에서도 손꼽힐 만큼 적다). 시선 닿는 곳, 발길 닿는 곳을 모두 마음에 새기고 싶은 욕심이 절로 솟아나는 곳이다.

미리보기

이번 핫플레이스에서는 어떤 대화를 나눌지 살펴볼까요?

참고

1 活火山은 かつかざん 또는 かっかざん으로 읽는다.

1

A：箱根山(はこねやま)は活火山(かつかざん)ですよね。

B：そうです。今(いま)も火山活動(かざんかつどう)が続(つづ)いています。

2

A：なのに、大涌谷(おおわくだに)に行(い)ってもいいんですか。

B：今(いま)は大丈夫(だいじょうぶ)です。

3

A：あの人(ひと)たちが食(た)べている黒(くろ)いものは何(なん)ですか。

B：黒(くろ)たまごです。ここ大涌谷(おおわくだに)の名物(めいぶつ)です。

1

A：하코네 산은 활화산이지요?

B：그렇죠. 지금도 화산활동이 계속되고 있어요.

2

A：그런데도 오와쿠다니에 가도 되는 건가요?

B：지금은 괜찮아요.

3

A：저 사람들이 먹는 검은 건 뭔가요?

B：검은 달걀이에요. 이곳 오와쿠다니의 명물이죠.

준비하기

오늘의 주요 단어입니다. 학습을 시작하기 전에 단어부터 살펴보아요.

- 活火山(かつかざん) 활화산
- 今(いま) 지금
- 続く(つづく) 계속되다
- なのに 그런데도
- 大丈夫(だいじょうぶ) 괜찮음
- 黒い(くろい) 검다
- たまご 달걀
- 名物(めいぶつ) 명물
- 試着(しちゃく) 입어 봄
- たばこ 담배
- 吸う(すう) 들이마시다, (담배를) 피우다

실전여행

핫플레이스에 가면 이 한마디는 꼭 시도해 보아요. 패턴으로 완벽 암기하세요.

～てもいい ～해도 된다

- 大涌谷(おおわくだに)に行(い)ってもいいんですか。
  오와쿠다니에 가도 되는 건가요?
- これ、試着(しちゃく)してもいいですか。
  이거 입어봐도 되나요?
- ここでたばこを吸(す)ってもいいですか。
  여기서 담배를 피워도 될까요?
- このまま食(た)べてもいいですか。
  이대로 먹어도 되나요?
- ちょっと聞(き)いてもいいですか。
  뭐 좀 물어봐도 될까요?

일지쓰기

▶ 핫플레이스에서 대화한 내용을 떠올리며 빈칸을 채워보세요.

참고

1 活火山은 かつかざん 또는 かっかざん으로 읽는다.

1

A：箱根山(はこねやま)は活火山(かつかざん)ですよね。

B：そうです。今(いま)も火山活動(かざんかつどう)が ＿＿＿＿＿＿＿。

A：하코네 산은 활화산이지요?

B：그렇죠. 지금도 화산활동이 계속되고 있어요.

2

A：なのに、大涌谷(おおわくだに)に行(い)ってもいいんですか。

B：今(いま)は＿＿＿＿＿＿。

A：그런데도 오와쿠다니에 가도 되는 건가요?

B：지금은 괜찮아요.

3

A：あの人(ひと)たちが＿＿＿＿＿＿黒(くろ)いものは何(なん)ですか。

B：黒(くろ)たまごです。ここ大涌谷(おおわくだに)の名物(めいぶつ)です。

A：저 사람들이 먹는 검은 건 뭔가요?

B：검은 달걀이에요. 이곳 오와쿠다니의 명물이죠.

정답

1 続(つづ)いています
2 大丈夫(だいじょうぶ)です
3 食(た)べている

16 후지산(富士山)

오늘 배울 표현은 **빡빡하다, 힘들다**

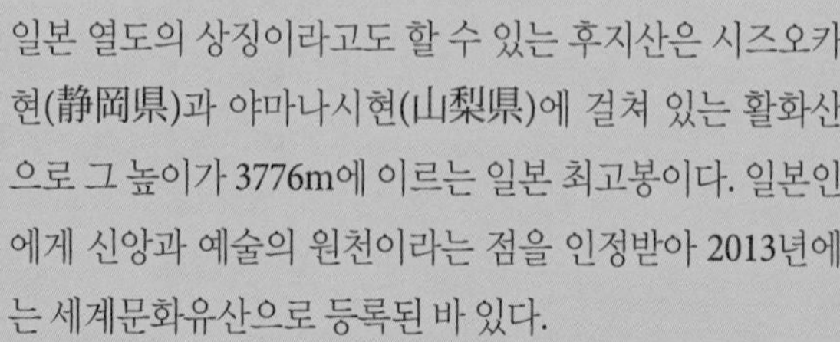

일본 열도의 상징이라고도 할 수 있는 후지산은 시즈오카현(静岡県)과 야마나시현(山梨県)에 걸쳐 있는 활화산으로 그 높이가 3776m에 이르는 일본 최고봉이다. 일본인에게 신앙과 예술의 원천이라는 점을 인정받아 2013년에는 세계문화유산으로 등록된 바 있다.

멀리서만 보던 후지산. 7월 초부터 9월 중순까지는 등산도 허용되는데 네 개의 등산 코스 모두 한국인에게 인기다. 5부 능선까지 버스로 이동하는데 정상까지 오르는 데에는 코스에 따라 여덟 시간 이내, 하산에는 다섯 시간 이내가 소요된다. 등산 허용 기간이 끝나면 버스를 타고 가와구치코(河口湖) 호수까지 가는 관광 프로그램을 이용할 수 있다.

미리보기

이번 핫플레이스에서는 어떤 대화를 나눌지 살펴볼까요?

1

A：明日、出発時刻は何時ですか。

B：明け方の5時です。

2

A：きついスケジュールになりますね。

B：早朝から動かないと下山が大変になりますから。

3

A：山小屋で一泊したら、ゆったりとしたペースで動けるんですけどね。

B：本当はそれが理想でしょ。

1

A : 내일, 출발시각은 몇 시예요?

B : 새벽 5시예요.

2

A : 힘든 일정이 되겠네요.

B : 새벽부터 움직이지 않으면 하산이 힘들어지니까요.

3

A : 산장에서 하루 자면 여유 있는 페이스로 움직일 수 있는데, 그렇죠?

B : 사실 그게 이상적이죠.

준비하기

오늘의 주요 단어입니다.
학습을 시작하기 전에
단어부터 살펴보아요.

- 明(あ)け方(がた) 새벽
- 早朝(そうちょう) 이른 아침
- 動(うご)く 움직이다
- 下山(げざん) 하산
- 山小屋(やまごや) 산속 오두막, 산장
- ゆったり
  마음 편히, 누긋하게
- お年寄(としよ)り 고령자
- 日帰(ひがえ)り 당일치기
- 一番(いちばん) 가장
- やっぱり 역시

실전여행

핫플레이스에 가면
이 한마디는 꼭 시도해 보아요.
패턴으로 완벽 암기하세요.

きつい 빡빡하다, 힘들다

- きついスケジュールになりますね。
  힘든 일정이 되겠네요.
- お年寄(としよ)りにはきついスケジュールですね。
  고령자에게는 힘든 스케줄이네요.
- 日帰(ひがえ)りで鎌倉(かまくら)はきついですか。
  당일치기로 가마쿠라를 다녀오기는 힘든가요?
- ここが一番(いちばん)きついコースです。
  여기가 제일 힘든 코스예요.
- 今日(きょう)は体力的(たいりょくてき)にも精神的(せいしんてき)にもきつかったです。
  오늘은 체력적으로도 정신적으로도 힘들었어요.

일지쓰기

핫플레이스에서 대화한 내용을 떠올리며 빈칸을 채워보세요.

1

A：明日(あした)、出発時刻(しゅっぱつじこく)は何時(なんじ)ですか。

B：＿＿＿＿＿＿の5時(ごじ)です。

A：내일, 출발시각은 몇 시예요?

B：새벽 5시예요.

2

A：きついスケジュールになりますね。

B：＿＿＿＿＿＿下山(げざん)が大変(たいへん)になりますから。

A：힘든 일정이 되겠네요.

B：새벽부터 움직이지 않으면 하산이 힘들어지니까요.

3

A：山小屋(やまごや)で一泊(いっぱく)したら、＿＿＿＿＿＿で動(うご)けるんですけどね。

B：本当(ほんとう)はそれが理想(りそう)でしょ。

A：산장에서 하루 자면 여유 있는 페이스로 움직일 수 있는데, 그렇죠?

B：사실 그게 이상적이죠.

정답

1 明(あ)け方(がた)
2 早朝(そうちょう)から動(うご)かないと
3 ゆったりとしたペース

기억하기

다음 빈칸에 들어갈 내용을 떠올리며
앞서 다녀온 핫플레이스를 기억해보세요.

15

하코네(箱根)

~てもいい ~해도 된다

- 大涌谷(おおわくだに)に行(い)ってもいいんですか。
  오와쿠다니에 가도 되는 건가요?
- これ、＿＿＿＿＿＿いいですか。
  이거 입어봐도 되나요?
- ここで＿＿＿＿＿＿いいですか。
  여기서 담배를 피워도 될까요?
- このまま食(た)べてもいいですか。
  이대로 먹어도 되나요?
- ちょっと聞(き)いてもいいですか。
  뭐 좀 물어봐도 될까요?

정답

1 試着(しちゃく)しても
2 たばこを吸(す)っても

후지산(富士山)

きつい 빡빡하다, 힘들다

- きついスケジュールになりますね。
  힘든 일정이 되겠네요.
- ＿＿＿＿＿＿にはきついスケジュールですね。
  고령자에게는 힘든 스케줄이네요.
- ＿＿＿＿＿＿鎌倉(かまくら)はきついですか。
  당일치기로 가마쿠라를 다녀오기는 힘든가요?
- ここが＿＿＿＿＿＿コースです。
  여기가 제일 힘든 코스예요.
- 今日(きょう)は体力的(たいりょくてき)にも精神的(せいしんてき)にもきつかったです。
  오늘은 체력적으로도 정신적으로도 힘들었어요.

정답

1 お年寄(としよ)り
2 日帰(ひがえ)りで
3 一番(いちばん)きつい

A：二人(ふたり)だけ注文(ちゅうもん)してもいいですか。一人(ひとり)は食(た)べてきたので。

B：お一人様一品(ひとりさまいっぴん)からのご注文(ちゅうもん)をお願(ねが)いしていますが。

A：じゃあ、一人(ひとり)は飲(の)み物(もの)だけ頼(たの)んでもいいですか。

B：はい、もちろんです。

A : 두 사람만 주문해도 되나요? 한 사람은 먹고 와서.

B : 한 분당 하나 이상 주문을 받고 있습니다만.

A : 그럼 한 사람은 음료만 시켜도 되나요?

B : 네, 물론입니다.

Key Point

일본에서는 자릿값(table charge)을 부과하거나 인원수만큼 주문하도록 되어 있는 곳이 많다. 이때 자신이 원하는 방식으로 주문이 되는지 확인할 때도 ～てもいいですか를 활용할 수 있다.

A：この前(まえ)のヨーロッパ旅行(りょこう)もエコノミークラスでしたか。

B：はい、そうでした。

A：時間(じかん)も長(なが)いし、きつかったでしょう。

B：座席(ざせき)よりは、あの時(とき)はトランジットがきつかったです。

A : 얼마 전의 유럽여행도 이코노미 클래스였나요?

B : 네, 그랬죠.

A : 시간도 길고 힘들었죠?

B : 좌석 자체보다는 그때는 환승이 힘들었어요.

Key Point

'힘들다'라는 의미로 きつい를 쓸 때는 しんどい나 大変(たいへん)으로도 표현을 대체할 수 있다.

17 도쿄 디즈니씨(Tokyo DisneySEA)

오늘 배울 표현은 **~에 가려면**

도쿄 디즈니 리조트는 도쿄가 아니라 지바현(千葉県)에 있다. 그중에서도 디즈니씨는 바다, 항해, 탐험을 테마로 한 놀이공원으로 일곱 개 항구 구역으로 구성되어 있다. 온갖 놀이 기구, 처음 보는 쇼, 쇼핑 및 숙박 시설까지 갖추고 있어 한 번 들어가면 아이, 어른 할 것 없이 푹 빠져든다. 게다가 디즈니씨 안에 있는 호텔에 묵으면 유원지 안에서 펼쳐지는 모든 다채로운 이벤트들을 호텔 안에서 지켜볼 수 있으니 고려해 볼 만하다. 여타 유원지가 가진 장점을 다 가지고 있으면서 바다와 물에 상상력까지 더해져 최고의 놀이 시간을 즐길 수 있는 곳! 가기 전에 쇼 타임 확인은 필수다. 아 참, 디즈니랜드와 디즈니씨는 왕래할 수 없으니 오해 없기를!

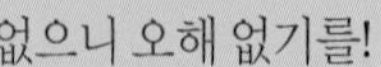

미리보기

이번 핫플레이스에서는 어떤 대화를 나눌지 살펴볼까요?

1

A：この列車(れっしゃ)はどこ行(ゆ)きですか。

B：新木場(しんきば)行(ゆ)きです。

2

A：東京(とうきょう)ディズニーシーに行(い)くにはこの列車(れっしゃ)でいいですね。

B：はい。新木場駅(しんきばえき)で京葉線(けいようせん)に乗(の)り換(か)えてください。

3

A：降(お)りるのはこの駅(えき)でいいですか。

B：はい、そうです。

1

A：이 열차는 어디로 가나요?

B：신키바 행입니다.

2

A：도쿄 디즈니씨에 가려면 이 열차가 맞는 거네요?

B：네. 신키바에서 게요센으로 갈아타세요.

3

A：내리는 건 이 역이 맞나요?

B：네, 맞습니다.

준비하기

오늘의 주요 단어입니다.
학습을 시작하기 전에
단어부터 살펴보아요.

- 列車(れっしゃ) 열차
- ~行(ゆ)き ~행
- 乗(の)り換(か)える 갈아타다
- 降(お)りる 내리다

실전여행

핫플레이스에 가면
이 한마디는 꼭 시도해 보아요.
패턴으로 완벽 암기하세요.

~に行(い)くには ~에 가려면

- ディズニーシーに行(い)くにはこの列車(れっしゃ)でいいですね。
  디즈니씨에 가려면 이 열차가 맞는 거네요?
- 沖縄(おきなわ)へ行(い)くには、船(ふね)や飛行機(ひこうき)を利用(りよう)します。
  오키나와에 가려면 배나 비행기를 이용합니다.
- 日光(にっこう)に行(い)くにはどうすればいいですか？
  닛코에 가려면 어떻게 하면 되나요?
- 北海道(ほっかいどう)へ行(い)くにはいくらかかりますか。
  홋카이도에 가려면 얼마나 드나요?
- 帝国(ていこく)ホテルに行(い)くには何番出口(なんばんでぐち)から出(で)ればいいですか？
  데코쿠 호텔에 가려면 몇 번 출구로 나가면 되나요?

일지쓰기 

핫플레이스에서 대화한 내용을 떠올리며 빈칸을 채워보세요.

1

A：この列車(れっしゃ)は＿＿＿＿＿＿ですか。

B：新木場(しんきば)行(ゆ)きです。

A：이 열차는 어디로 가나요?

B：신키바 행입니다.

2

A：東京(とうきょう)ディズニーシーに行(い)くには

＿＿＿＿＿＿。

B：はい。新木場駅(しんきばえき)で京葉線(けいようせん)に乗(の)り換(か)えてください。

A：도쿄 디즈니씨에 가려면 이 열차가 맞는 거네요?

B：네. 신키바에서 게요센으로 갈아타세요.

3

A：降(お)りるのはこの駅(えき)で＿＿＿＿＿＿。

B：はい、そうです。

A：내리는 건 이 역이 맞나요?

B：네, 맞습니다.

정답

1 どこ行(ゆ)き
2 この列車(れっしゃ)でいいですね
3 いいですか

핫플레이스 일본 여행
도쿄

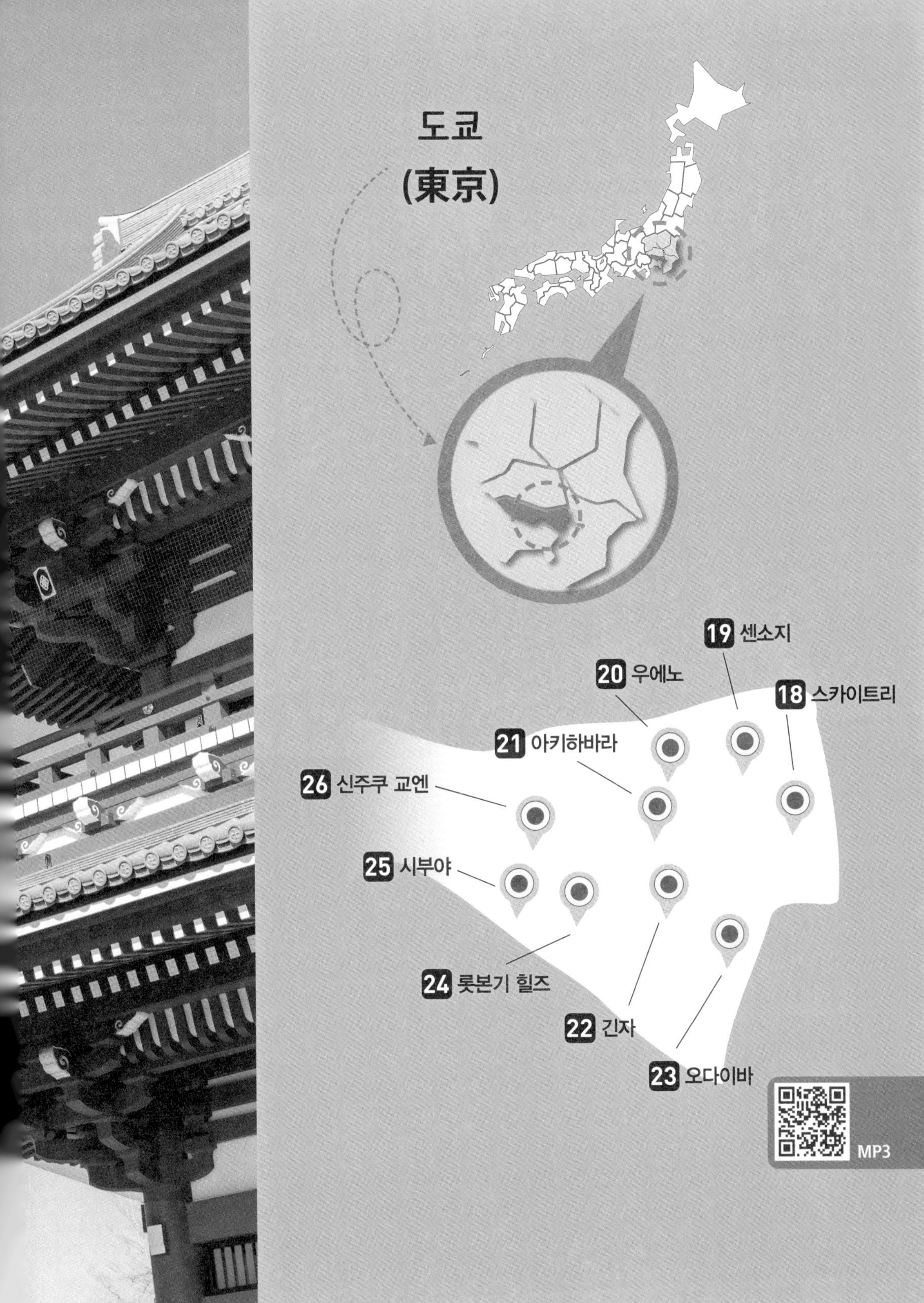

도쿄
(東京)
19 센소지
20 우에노
18 스카이트리
21 아키하바라
26 신주쿠 교엔
25 시부야
24 롯본기 힐즈
22 긴자
23 오다이바
MP3

18

스카이트리(スカイツリー)

오늘 배울 표현은 ~해 주시겠어요?

도쿄도(東京都) 스미다구(墨田区)에 있는 전파탑이다. 높이가 634m로 전파탑으로는 세계에서 가장 높고, 건축물로는 두바이의 부르즈 칼리파(828m) 다음가는 세계 2위의 높이를 자랑한다. 전망대에서는 도쿄의 360도 파노라마 뷰를 감상할 수 있고 멀리는 요코하마, 후지산까지 시야에 들어오기도 한다. 2013년에 개장한 이래 관광객의 뜨거운 사랑을 받고 있어 예약을 하지 않으면 주말에는 입장권을 사기 위해 한두 시간 기다리는 일도 부지기수다. 스카이트리를 중심으로 한 도쿄 스카이트리 타운에는 스카이트리가 한눈에 들어오는 레스토랑, 수족관, 최신 유행을 그대로 반영한 상업 시설 등이 몰려 있으므로 함께 둘러봐도 좋다.

미리보기

이번 핫플레이스에서는 어떤 대화를 나눌지 살펴볼까요?

1

A：富士山が見えません。

B：そうですね。空は晴れているのに。

2

A：東京の眺めはきれいです。

B：へえ、東京タワーがこんなに低く見えます！

3

A：あの人に写真を撮ってもらいましょう。

B：すみません。一枚撮ってもらえますか。

1

A : 후지산이 안 보여요.

B : 그렇네요. 하늘은 맑은데.

2

A : 도쿄의 경치는 아름답네요.

B : 와, 도쿄타워가 이렇게 낮게 보여요!

3

A : 저 사람한테 사진 찍어 달라고 합시다.

B : 실례합니다. 한 장 찍어 주시겠어요?

준비하기

오늘의 주요 단어입니다.
학습을 시작하기 전에
단어부터 살펴보아요.

- 空(そら) 하늘
- 晴(は)れる (하늘이) 개다
- 眺(なが)め 경치, 풍광
- 低(ひく)い 낮다
- もらう 받다
- 海(うみ) 바다
- 皿(さら) 접시
- 下(さ)げる 내리다, 치우다
- もっと 더
- ゆっくり 천천히, 느긋하게
- 両替(りょうがえ) 환전

실전여행

핫플레이스에 가면
이 한마디는 꼭 시도해 보아요.
패턴으로 완벽 암기하세요.

～てもらえますか ～해 주시겠어요?

- 写真(しゃしん)を撮(と)ってもらえますか。
  사진 좀 찍어주시겠어요?
- 海(うみ)の見(み)える部屋(へや)にしてもらえますか。
  바다가 보이는 방으로 해 주시겠어요?
- お皿(さら)を下(さ)げてもらえますか。
  접시 좀 치워 주시겠어요?
- もっとゆっくり話(はな)してもらえますか。
  더 천천히 말해 주시겠어요?
- これを両替(りょうがえ)してもらえますか。
  돈 좀 바꿔 주시겠어요?

일지쓰기

핫플레이스에서 대화한 내용을 떠올리며 빈칸을 채워보세요.

1

A：富士山(ふじさん)が見(み)えません。

B：そうですね。空(そら)は＿＿＿＿＿＿のに。

A：후지산이 안 보여요.

B：그렇네요. 하늘은 맑은데.

2

A：東京(とうきょう)の眺(なが)めはきれいです。

B：へえ、東京(とうきょう)タワーがこんなに

＿＿＿＿＿＿！

A：도쿄의 경치는 아름답네요.

B：와, 도쿄타워가 이렇게 낮게 보여요!

3

A：あの人(ひと)に写真(しゃしん)を＿＿＿＿＿＿。

B：すみません。一枚(いちまい)撮(と)ってもらえますか。

A：저 사람한테 사진 찍어 달라고 합시다.

B：실례합니다. 한 장 찍어 주시겠어요?

정답

1 晴(は)れている
2 低(ひく)く見(み)えます
3 撮(と)ってもらいましょう

다음 빈칸에 들어갈 내용을 떠올리며
앞서 다녀온 핫플레이스를 기억해보세요.

17

도쿄 디즈니씨(Tokyo DisneySEA)

~に行くには ~에 가려면

- ディズニーシーに行くにはこの列車でいいですね。
  디즈니씨에 가려면 이 열차가 맞는 거네요?
- 沖縄へ行くには、船や飛行機を利用します。
  오키나와에 가려면 배나 비행기를 이용합니다.
- 日光に行くにはどうすればいいですか？
  닛코에 가려면 어떻게 하면 되나요?
- 北海道へ__________。
  홋카이도에 가려면 얼마나 드나요?
- 帝国ホテルに行くには__________から出ればいいですか？
  데코쿠 호텔에 가려면 몇 번 출구로 가면 되나요?

정답

1 行くにはいくらかかりますか
2 何番出口

18

스카이트리(スカイツリー)

~てもらえますか ~해 주시겠어요?

- 写真を撮ってもらえますか。
  사진 좀 찍어주시겠어요?
- 海の見える部屋にしてもらえますか。
  바다가 보이는 방으로 해 주시겠어요?
- お皿を__________。
  접시 좀 치워 주시겠어요?
- もっとゆっくり話してもらえますか。
  더 천천히 말해 주시겠어요?
- これを__________。
  돈 좀 바꿔 주시겠어요?

정답

1 下げてもらえますか
2 両替してもらえますか

A：新宿(しんじゅく)に行(い)くにはどの道順(みちじゅん)が速(はや)いですか。

B：こっちに動(うご)くのが一番速(いちばんはや)いですが、もっと楽(らく)なのはこっちです。

A：楽(らく)だというのはどういう意味(いみ)ですか。

B：乗(の)り換(か)え回数(かいすう)が少(すく)ないってことです。

A : 신주쿠에 가려면 어느 길 순서가 빠른 가요?
B : 이쪽으로 움직이는 게 가장 빠른데, 더 편한 건 이쪽이에요.
A : 편하다는 건 무슨 의미인가요?
B : 환승 횟수가 적다는 거예요.

Key Point

도쿄는 워낙 빼곡하게 전철이 깔려있어서 이동 방법도 다양하다. 일본어로 된 스마트폰 애플리케이션을 이용할 때도 一番速い(いちばんはやい), 一番楽(いちばんらく)라는 표현을 알아두면 원하는 방법을 선택할 수 있다.

A：もっと大(おお)きいのも見(み)せてください。

B：はい、こちらです。

A：これ全部(ぜんぶ)ください。別々(べつべつ)に包(つつ)んでもらえますか？

B：はい、かしこまりました。

A : 더 큰 것도 보여주세요.
B : 네, 여기 있습니다.
A : 이거 전부 주세요. 따로따로 싸 줄 수 있어요?
B : 네, 알겠습니다.

Key Point

～てください와 ～てもらえますか는 모두 의뢰의 표현이다. 그런데 전자는 직접적인 의뢰, 후자는 자신의 요구를 전달함과 동시에 질문의 형태로 상대의 의향을 묻는 표현이라는 차이가 있다.

19 센소지(浅草寺)

오늘 배울 표현은 **~하는 게 좋다**

도쿄라고 하면 센소지의 가미나리몬(雷門)부터 떠올리는 사람이 많다. 그 정도로 강력한 인상을 남기는 센소지는 도쿄 도내에서 가장 오래된 사찰로 628년에 창건되었다. 관음상이 안치된 본당, 부처님의 진신 사리가 안치된 5층탑, 연기를 쐬면 아픈 곳이 낫는다는 입구의 화로, 가미나리몬에서 경내까지 이어지는 상점가는 언제나 관광객으로 붐빈다.

일본의 전통 축제뿐 아니라 삼바 카니발, 불꽃놀이 등 연중 다채로운 이벤트가 펼쳐지고 스카이트리, 우에노 공원 등 도쿄의 대표 핫플레이스에서도 2km 이내에 위치하고 있어 효율적인 동선을 짜려는 여행자들이 묶어서 들르는 곳이다.

미리보기

이번 핫플레이스에서는 어떤 대화를 나눌지 살펴볼까요?

1

A：東京(とうきょう)で見(み)ておくべきものってありますか。

B：浅草寺(せんそうじ)は絶対(ぜったい)見(み)た方(ほう)がいいですよ。

2

A：あの赤(あか)い紙提灯(かみちょうちん)があるところですか。

B：はい、そうです。人気(にんき)の観光(かんこう)スポットですから。

3

B：行(い)きたければ、明日(あした)つれて行(い)きますよ。

A：本当(ほんとう)ですか。お願(ねが)いします。

1

A：도쿄에서 꼭 봐야 할 게 있나요?

B：센소지는 꼭 보는 게 좋아요.

2

A：그 빨간 종이 등 있는 곳 말이에요?

B：네, 맞아요. 인기 관광지니까요.

3

B：가고 싶으면 내일 데리고 갈게요.

A：정말요? 부탁할게요.

준비하기

오늘의 주요 단어입니다.
학습을 시작하기 전에
단어부터 살펴보아요.

- 絶対(ぜったい) 절대
- 赤(あか)い 빨갛다
- 紙提灯(かみちょうちん) 종이 등롱
- つれる 데리고 오(가)다
- 本当(ほんとう) 정말
- 病院(びょういん) 병원
- 休(やす)む 쉬다
- 傘(かさ) 우산

실전여행

핫플레이스에 가면
이 한마디는 꼭 시도해 보아요.
패턴으로 완벽 암기하세요.

～た方(ほう)がいい ～하는 게 좋다

- 絶対見(ぜったいみ)た方(ほう)がいいです。
  꼭 보는 게 좋아요.
- 病院(びょういん)に行(い)った方(ほう)がいいですね。
  병원에 가는 좋겠어요.
- 部屋(へや)でゆっくり休(やす)んだ方(ほう)がいいでしょう。
  방에서 푹 쉬는 게 좋겠죠.
- 今日(きょう)は早(はや)く帰(かえ)った方(ほう)がいいと思(おも)います。
  오늘은 일찍 돌아가는 게 좋을 것 같아요.
- 傘(かさ)を持(も)って行(い)った方(ほう)がいいでしょう。
  우산을 가지고 가는 게 좋겠죠?

일지쓰기

핫플레이스에서 대화한 내용을 떠올리며 빈칸을 채워보세요.

1

A：東京で__________ってありますか。

B：浅草寺は絶対見た方がいいですよ。

A：도쿄에서 꼭 봐야 할 게 있나요?

B：센소지는 꼭 보는 게 좋아요.

2

A：あの__________紙提灯があるところですか。

B：はい、そうです。人気の観光スポットですから。

A：그 빨간 종이 등 있는 곳 말이에요?

B：네, 맞아요. 인기 관광지니까요.

3

B：__________、明日つれて行きますよ。

A：本当ですか。お願いします。

B：가고 싶으면 내일 데리고 갈게요.

A：정말요? 부탁할게요.

정답

1 見ておくべきもの

2 赤い

3 行きたければ

20 우에노(上野)

오늘 배울 표현은 ~하게(~방식으로) 해 주세요

나리타 공항을 통해 도쿄로 들어가는 관광객이라면 우에노를 반드시 거쳐가게 되어 있다. 그런데 우에노는 단순한 경유지가 아니라 볼거리, 먹거리, 화젯거리가 참으로 많은 곳이다. 우선 우에노에는 일본 최초의 공원인 우에노 공원이 있다. 한 번에 다 둘러보기 어려울 만큼 넓은 공원 부지 안에는 국립서양미술관, 도쿄도 미술관, 국립과학박물관, 도쿄 국립박물관 등의 문화시설과 사찰, 우에노 동물원 등의 행락 시설이 집중되어 있다. 이들 시설은 하나같이 일본 최초 또는 최고라는 타이틀을 달고 있는데 특히 국립서양미술관 건물은 2016년에 세계문화유산에 등재되었다. 또 아메요코 시장은 없는 게 없는 만물 시장이니 가벼운 지갑으로 두둑한 쇼핑이 가능하다.

미리보기

이번 핫플레이스에서는 어떤 대화를 나눌지 살펴볼까요?

1

A：上野のアメ横に行ってきました。

B：何かいいものを見つけましたか。

2

A：掘り出し物を見つけて、
全部買いました!

B：これを全部？
買いすぎじゃありませんか。

3

A：上野公園は今晩行きましょうか。
それとも明日の昼間？

B：好きなようにしてください。

1

A：우에노의 아메요코에 갔다 왔어요.

B：뭐 좋은 걸 찾았나요?

2

A：싸고 좋은 물건을 찾아서 전부 샀죠!

B：이걸 전부? 너무 많이 산 거 아닌가요?

3

A：우에노 공원은 오늘 밤에 갈까요? 아니면 내일 낮?

B：좋을 대로 하세요.

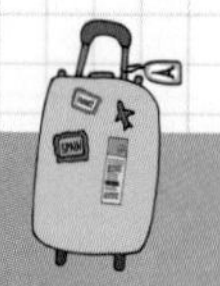

준비하기

오늘의 주요 단어입니다.
학습을 시작하기 전에
단어부터 살펴보아요.

- 見(み)つける 발견하다
- 掘(ほ)り出(だ)し物(もの) 의외로 싸게 산 물건
- 買(か)いすぎ 너무 많이 삼
- 今晩(こんばん) 오늘 밤
- 昼間(ひるま) 낮
- 好(す)き 좋아함
- 砂糖(さとう) 설탕
- 半分(はんぶん) 반
- 少(すく)なめ 조금 적음
- 野菜(やさい) 채소
- 多(おお)め 조금 많음
- みたい ~같다

실전여행

핫플레이스에 가면
이 한마디는 꼭 시도해 보아요.
패턴으로 완벽 암기하세요.

~にしてください
~하게(~방식으로) 해 주세요

- 好(す)きなようにしてください。
  좋을 대로 해 주세요.
- 砂糖(さとう)は半分(はんぶん)にしてください。
  설탕은 반으로 해 주세요.
- ご飯(はん)は少(すく)なめにしてください。
  밥은 좀 적게 해 주세요.
- 野菜(やさい)を多(おお)めにしてください。
  야채를 좀 많이 주세요.
- カットはこの人(ひと)みたいにしてください。
  커트는 이 사람처럼 해 주세요.

일지쓰기 

➡ 핫플레이스에서 대화한 내용을 떠올리며 빈칸을 채워보세요.

1

A：上野のアメ横に＿＿＿＿＿＿＿。

B：何かいいものを見つけましたか。

A：우에노의 아메요코에 갔다 왔어요.

B：뭐 좋은 걸 찾았나요?

2

A：掘り出し物を見つけて、
全部買いました!

B：これを全部？
＿＿＿＿＿＿＿じゃありませんか。

A：싸고 좋은 물건을 찾아서 전부 샀죠!

B：이걸 전부? 너무 많이 산 거 아닌가요?

3

A：上野公園は今晩行きましょうか。
それとも明日の昼間？

B：＿＿＿＿＿＿＿してください。

A：우에노 공원은 오늘 밤에 갈까요? 아니면 내일 낮?

B：좋을 대로 하세요.

정답

1 行ってきました
2 買いすぎ
3 好きなように

기억하기

다음 빈칸에 들어갈 내용을 떠올리며
앞서 다녀온 핫플레이스를 기억해보세요.

19

센소지(浅草寺)

~た方がいい ~하는 게 좋다

- 絶対見た方がいいです。
  꼭 보는 게 좋아요.
- 病院に行った方がいいですね。
  병원에 가는 좋겠어요.
- 部屋でゆっくり＿＿＿＿＿いいでしょう。
  방에서 푹 쉬는 게 좋겠죠.
- 今日は早く＿＿＿＿＿いいと思います。
  오늘은 일찍 돌아가는 게 좋을 것 같아요.
- 傘を＿＿＿＿＿いいでしょう。
  우산을 가지고 가는 게 좋겠죠?

정답

1 休んだ方が
2 帰った方が
3 持って行った方が

20

우에노(上野)

~にしてください ~하게(~방식으로) 해 주세요

- ＿＿＿＿＿してください。
  좋을 대로 해 주세요.
- 砂糖は半分にしてください。
  설탕은 반으로 해 주세요.
- ご飯は＿＿＿＿＿してください。
  밥은 좀 적게 해 주세요.
- 野菜を多めにしてください。
  야채를 좀 많이 주세요.
- カットは＿＿＿＿＿してください。
  커트는 이 사람처럼 해 주세요.

정답

1 好きなように
2 少なめに
3 この人みたいに

A：あのクッキー、お土産にぴったりだと思いませんか？

B：いいですね。あれにしましょう！

A：うん。でも帰り道に空港で買った方がいいと思います。荷物が多いですから。

A : 저 쿠키, 선물로 딱이지 않아요?

B : 좋네요. 저걸로 합시다!

A : 음. 그런데 돌아가는 길에 공항에서 사는 게 좋을 것 같아요. 짐이 많으니까요.

Key Point

~する方がいい도 충고나 조언의 의미로 쓰이지만 ~した方がいい가 조금 더 강한 권유의 의미를 가진다고 볼 수 있다.

A：どんな髪型にしますか。

B：この写真みたいにしてください。

A：前髪はどうしますか。

B：長さを目と眉毛の間くらいにしてください。

A : 어떤 헤어스타일로 할까요?

B : 이 사진처럼 해 주세요.

A : 앞머리는 어떻게 할까요?

B : 길이를 눈과 눈썹 사이 정도로 해 주세요.

Key Point

~みたいにしてください는 형태나 방식을 자세히 묘사하기 어려울 때 예를 제시하며 편하게 쓸 수 있는 표현이다. 정도를 알리고 싶을 때는 ~くらいにしてください를 이용한다.

21 아키하바라(秋葉原)

오늘 배울 표현은 어떻습니까?

1950년대 말 호황 속에서 가전제품의 총본산으로 이름을 알리던 아카하바라는 1980년대에 닌텐도의 가정용 게임기가 인기를 끌던 시기에 젊은이들을 끌어들이기 시작했다. 그 후 인터넷과 PC가 발달하고 게임, 만화, 애니메이션이 전성기를 누리자 이른바 '오타쿠 문화'의 발신지로서 세계적인 명성을 누리게 되었다. 전자제품, 가전제품, 컴퓨터 관련 제품, 음악·애니메이션·게임 관련 상품, 방범·도청 관련 기기라면 신상품뿐 아니라 중고상품까지 없는 것 빼고는 다 있는 곳 아키바(아키하바라의 약어). 현재는 서브컬처의 성지로 더 잘 알려져 있으며, 메이드 카페의 전단지를 나눠주는 메이드 복장의 여성이 이 거리의 아이콘으로 자리잡았다.

미리보기

이번 핫플레이스에서는 어떤 대화를 나눌지 살펴볼까요?

1

A：ここはフィギュアショップがほとんどですね。

B：違(ちが)います。家電量販店(かでんりょうはんてん)もあります。

2

A：ジャンク品(ひん)って何(なん)ですか。

B：古(ふる)いパソコンから取(と)り出(だ)した部品(ぶひん)です。

3

A：何(なに)か食(た)べに行(い)きましょうか。

B：メイドカフェはどうですか。

1

A：여긴 피규어 숍이 대부분이네요.

B：아니에요. 가전 양판점도 있어요.

2

A：정크품이 뭐예요?

B：오래된 PC에서 떼어낸 부품이에요.

3

A：뭐 좀 먹으러 갈까요?

B：메이드 카페는 어때요?

준비하기

오늘의 주요 단어입니다.
학습을 시작하기 전에
단어부터 살펴보아요.

- フィギュアショップ 피규어 숍
- ほとんど 거의
- 違う(ちが) 다르다, 아니다
- 古い(ふる) 오래된
- パソコン PC
- 取り出す(とだ) 꺼내다
- 部品(ぶひん) 부품
- コーヒー 커피
- 買い物(かもの) 쇼핑

실전여행

핫플레이스에 가면
이 한마디는 꼭 시도해 보아요.
패턴으로 완벽 암기하세요.

どうですか 어떻습니까?

- メイドカフェはどうですか。
  메이드 카페는 어때요?
- ビールのおかわりはどうですか。
  맥주 더 마시는 건 어때요?
- コーヒーでもどうですか。
  커피라도 하실래요?
- ちょっと散歩(さんぽ)でもしたらどうですか。
  가볍게 산책이라도 하면 어때요?
- 買(か)い物(もの)に行(い)くのはどうですか。
  쇼핑 가는 건 어때요?

일지쓰기

핫플레이스에서 대화한 내용을 떠올리며 빈칸을 채워보세요.

1

A：ここはフィギュアショップがほとんどですね。

B：＿＿＿＿＿。家電量販店(かでんりょうはんてん)もあります。

A : 여긴 피규어 숍이 대부분이네요.

B : 아니에요. 가전 양판점도 있어요.

2

A：ジャンク品(ひん)って何(なん)ですか。

B：＿＿＿＿＿から取(と)り出(だ)した部品(ぶひん)です。

A : 정크품이 뭐예요?

B : 오래된 PC에서 떼어낸 부품이에요.

3

A：何(なに)か＿＿＿＿＿。

B：メイドカフェはどうですか。

A : 뭐 좀 먹으러 갈까요?

B : 메이드 카페는 어때요?

정답

1 違(ちが)います

2 古(ふる)いパソコン

3 食(た)べに行(い)きましょうか

22 긴자(銀座)

오늘 배울 표현은 **~인지 알고 싶다**

긴자는 파리의 몽테뉴 거리나 뉴욕의 5번가에 견줄 만한 일본 최고의 번화가이자 고급 상점가다. 세계적인 유명 브랜드 숍과 고급 백화점이 줄지어 있으며, 일본에서 가장 땅값이 비싼 곳도 여기에 있다. 전통극 가부키(歌舞伎)를 공연하는 가부키좌(歌舞伎座)는 1889년에 오픈했고, 네 번의 재건축을 거쳐 오늘에 이른 건물은 독특한 양식을 자랑한다. 당일 티켓은 공연 시작 한 시간 전에 판매하는데, 공연 전체를 이해하기 어려운 외국인과 저렴한 가격에 공연을 즐기려는 현지인으로 항상 북적거린다. 고급 기모노와 정장을 차려입고 전통문화를 즐기는 일본인의 모습을 포함해 현지 문화를 체험할 수 있는 좋은 기회가 될 것이다.

미리보기

이번 핫플레이스에서는 어떤 대화를 나눌지 살펴볼까요?

1

A：銀座(ぎんざ)は何(なに)もかもが高(たか)いと聞(き)きました。

B：ウィンドウショッピングはタダです。

2

A：歌舞伎座(かぶきざ)にも行(い)ってみたいです。

B：歌舞伎(かぶき)を観(み)る時間(じかん)がありますか。

3

A：一応公演(いちおうこうえん)がいつ始(はじ)まるのか知(し)りたいです。

B：たぶん時間(じかん)がなさそうですけどね。

1

A：긴자는 뭐든지 다 비싸다고 들었어요.

B：아이쇼핑은 무료예요.

2

A：가부키좌에도 가보고 싶어요.

B：가부키를 볼 시간이 있어요?

3

A：일단은 공연이 언제 시작되는지 알고 싶어요.

B：아마도 시간이 없을 것 같은데요.

준비하기

오늘의 주요 단어입니다.
학습을 시작하기 전에
단어부터 살펴보아요.

- 何(なに)もかも 모든 것
- 高(たか)い 높다, 비싸다
- ウィンドウショッピング 아이쇼핑
- タダ 공짜
- 歌舞伎(かぶき) 가부키
- 一応(いちおう) 일단, 어떻든
- 始(はじ)まる 시작되다
- 彼(かれ) 그
- 話(はなし) 이야기
- なぜ 왜
- 壊(こわ)れる 망가지다
- 連絡(れんらく)を取(と)る 연락을 하다

실전여행

핫플레이스에 가면
이 한마디는 꼭 시도해 보아요.
패턴으로 완벽 암기하세요.

～か知(し)りたい ～인지 알고 싶다

- 一応公演(いちおうこうえん)がいつ始(はじ)まるのか知(し)りたいです。
  일단은 공연이 언제 시작되는지 알고 싶어요.
- 彼(かれ)といつ話(はなし)ができるか知(し)りたいんですが。
  그 사람과 언제 이야기할 수 있는지 알고 싶은데요.
- なぜそれが壊(こわ)れたのか知(し)りたいんですが。
  어째서 그게 망가진 건지 알고 싶은데요.
- どこで購入(こうにゅう)できるか知(し)りたいんですけど。
  어디서 구입할 수 있는지 알고 싶은데요.
- だれに連絡(れんらく)を取(と)ればよいのか知(し)りたいんですが。
  누구에게 연락을 하면 되는 건지 알고 싶은데요.

일지쓰기

핫플레이스에서 대화한 내용을 떠올리며 빈칸을 채워보세요.

1

A：銀座(ぎんざ)は＿＿＿＿＿＿が高(たか)いと聞(き)きました。

B：ウィンドウショッピングはタダです。

A：긴자는 뭐든지 다 비싸다고 들었어요.

B：아이쇼핑은 무료예요.

2

A：歌舞伎座(かぶきざ)にも＿＿＿＿＿＿です。

B：歌舞伎(かぶき)を観(み)る時間(じかん)がありますか。

A：가부키좌에도 가보고 싶어요.

B：가부키를 볼 시간이 있어요?

3

A：一応公演(いちおうこうえん)がいつ始(はじ)まるのか知(し)りたいです。

B：たぶん時間(じかん)が＿＿＿＿＿＿けどね。

A：일단은 공연이 언제 시작되는지 알고 싶어요.

B：아마도 시간이 없을 것 같은데요.

정답

1 何(なに)もかも
2 行(い)ってみたい
3 なさそうです

기억하기

다음 빈칸에 들어갈 내용을 떠올리며
앞서 다녀온 핫플레이스를 기억해보세요.

21

아키하바라(秋葉原)

どうですか 어떻습니까?

- メイドカフェはどうですか。
  메이드 카페는 어때요?
- ＿＿＿＿＿はどうですか。
  맥주 더 마시는 건 어때요?
- コーヒーでもどうですか。
  커피라도 하실래요?
- ちょっと＿＿＿＿＿どうですか。
  가볍게 산책이라도 하면 어때요?
- ＿＿＿＿＿どうですか。
  쇼핑 가는 건 어때요?

정답

1 ビールの おかわり
2 散歩(さんぽ)でもしたら
3 買(か)い物(もの)に 行(い)くのは

22

긴자(銀座)

～か知りたい ～인지 알고 싶다

- 一応公演(いちおうこうえん)が＿＿＿＿＿知(し)りたいです。
  일단은 공연이 언제 시작되는지 알고 싶어요.
- 彼(かれ)といつ話(はなし)ができるか知(し)りたいんですが。
  그 사람과 언제 이야기할 수 있는지 알고 싶은데요.
- なぜそれが壊(こわ)れたのか知(し)りたいんですが。
  어째서 그게 망가진 건지 알고 싶은데요.
- どこで＿＿＿＿＿知(し)りたいんですけど。
  어디서 구입할 수 있는지 알고 싶은데요.
- だれに連絡(れんらく)を取(と)ればよいのか知(し)りたいんですが。
  누구에게 연락을 하면 되는 건지 알고 싶은데요.

정답

1 いつ始(はじ)まるのか
2 購入(こうにゅう)できるか

A：こちらの色はいかがですか。

B：それもいいですけど、これはどうですか。

A：それもお似合いですね。

B：ううん、どれがいいかな。

A : 이쪽 색깔은 어떠십니까?

B : 그것도 좋지만, 이건 어때요?

A : 그것도 잘 어울리네요.

B : 음, 어느 것이 좋을까?

Key Point

どうですか와 いかがですか는 같은 의미지만 いかがですか가 훨씬 정중한 표현이다. 이 대화에서는 A가 접객업에 종사하는 사람이므로 いかがですか를 썼다

A：私の荷物がいつ着くのか知りたいんですが。

B：手荷物引換証を見せていただけますか。

A：こちらです。

B：少々お待ちください。

A : 제 짐이 언제 도착하는지 알고 싶은데요.

B : 수하물 교환증을 보여 주시겠습니까?

A : 여기요.

B : 잠시만 기다려 주세요.

Key Point

가끔 공항에 수하물이 도착하지 않을 때가 있다. 그럴 때 쓸 수 있는 표현이다. 手荷物引換証는 半券이라고도 한다. 물건을 맡겼을 때 확인하는 의미로 수하물표의 반을 찢어 주기 때문이다.

23 오다이바(お台場)

오늘 배울 표현은 ~을 향해

레인보 브리지 너머로 펼쳐진 오다이바의 광경은 꼭 한번 가보고 싶다는 생각을 불러일으키기에 충분하다. 도쿄만에 떠있는 이 대규모 인공섬은 원래 1800년대에 만들어졌는데 1990년 후반에 미래형 주상복합지역인 '도쿄 텔레포트 타운'이 조성되면서 거대 기업과 거대 쇼핑몰이 입주하기 시작했다. 경전철인 유리카모메, 오렌지와 핑크, 보라색 노을이 든다는 레인보 브리지 일대, 그 어디서도 본 적이 없는 후지 TV 스튜디오와 텔레콤 센터 건물 등은 현대 건축의 독특한 아름다움을 보여준다. 대규모 쇼핑몰 앞에 선 자유의 여신상은 사진 찍기에 아주 적합한 사이즈라 언제나 인기 만점이다.

미리보기

이번 핫플레이스에서는 어떤 대화를 나눌지 살펴볼까요?

1

A：窓際(まどぎわ)の席(せき)に座(すわ)ってください。

B：わあ、素敵(すてき)な景色(けしき)ですね！

2

A：あれ、自由(じゆう)の女神(めがみ)じゃないですか。

B：そうです。みんなあの前(まえ)で記念撮影(きねんさつえい)をします。

3

A：ニューヨークの本物(ほんもの)は海(うみ)の方(ほう)を向(む)いていますけど。

B：ここのはショッピングモールの方(ほう)を向(む)いています。

1

A：창가 자리에 앉으세요.

B：와, 멋진 경치네요!

2

A：저건 자유의 여신상 아니에요?

B：맞아요. 다들 저 앞에서 기념 촬영을 해요.

3

A：뉴욕에 있는 진짜는 바다 쪽을 보고 있는데.

B：여기 건 쇼핑몰 쪽을 보고 있어요.

준비하기

오늘의 주요 단어입니다. 학습을 시작하기 전에 단어부터 살펴보아요.

- 窓際(まどぎわ) 창가
- 席(せき) 자리
- 本物(ほんもの) 진짜
- 向(む)く 향하다
- 像(ぞう) 상
- 立(た)つ 서다
- 上(うえ) 위
- 歌(うた) 노래
- ヒマワリ 해바라기
- 東(ひがし) 동쪽

실전여행

핫플레이스에 가면 이 한마디는 꼭 시도해 보아요. 패턴으로 완벽 암기하세요.

～を向(む)いて ～을 향해

- 本物(ほんもの)は海(うみ)の方(ほう)を向(む)いていますけど。
  실물은 바다를 보고 있는데요.
- この像(ぞう)は太平洋(たいへいよう)の方(ほう)を向(む)いて立(た)っています。
  이 동상은 태평양을 향해 서 있습니다.
- 「上(うえ)を向(む)いて歩(ある)こう」って歌(うた)を紹介(しょうかい)します。
  '위를 보고 걷자'라는 노래를 소개할게요.
- ヒマワリは東(ひがし)を向(む)いて咲(さ)きます。
  해바라기는 동쪽을 향해 핍니다.
- どちらを向(む)いてもきれいな景色(けしき)が楽(たの)しめます。
  어느 쪽을 봐도 아름다운 경치를 즐길 수 있습니다.

일지쓰기

▶ 핫플레이스에서 대화한 내용을 떠올리며 빈칸을 채워보세요.

1

A：＿＿＿＿＿に座(すわ)ってください。

B：わあ、素敵(すてき)な景色(けしき)ですね！

A：창가 자리에 앉으세요.

B：와, 멋진 경치네요!

2

A：あれ、＿＿＿＿＿じゃないですか。

B：そうです。みんなあの前(まえ)で記念撮影(きねんさつえい)をします。

A：저건 자유의 여신상 아니에요?

B：맞아요. 다들 저 앞에서 기념 촬영을 해요.

3

A：ニューヨークの本物(ほんもの)は＿＿＿＿＿いますけど。

B：ここのはショッピングモールの方(ほう)を向(む)いています。

A：뉴욕에 있는 진짜는 바다 쪽을 보고 있는데.

B：여기 건 쇼핑몰 쪽을 보고 있어요.

정답

1 窓際(まどぎわ)の席(せき)
2 自由(じゆう)の女神(めがみ)
3 海(うみ)の方(ほう)を向(む)いて

24 롯폰기힐즈(六本木ヒルズ)

오늘 배울 표현은 ~한 적이 있다/없다

사무용 빌딩, 주거용 빌딩, 호텔, 상업 시설, 문화 공간이 한데 어울린 복합 개발 단지로 도쿄 롯폰기에 자리 잡고 있다. 그 중심지에는 글로벌 금융 기업, 미술관 등이 입주한 54층 규모의 모리 빌딩이 우뚝 솟아 있다. 거미를 형상화한 마망(Maman)이라는 조각은 모리 타워와 함께 롯폰기의 상징처럼 여겨진다. 도쿄 내에서도 외국인과 부유층이 많은 지역으로 손꼽히며 고급 문화와 함께 클럽, 바 등의 밤 문화를 즐기는 이들에게 사랑받는 지역이기도 하다. 모리 빌딩의 전망대에서 내려다보는 도쿄의 야경은 빠뜨릴 수 없는 도쿄의 볼거리 중 하나다.

미리보기

이번 핫플레이스에서는 어떤 대화를 나눌지 살펴볼까요?

1

A：午後2時に「ママン」の前で集合です。

B：ママン？それ何ですか。

2

A：ハハ。聞いたことありませんか。

B：さっき説明を聞いたような気もしますが……

3

A：森ビルの前にあるクモの彫刻です。

B：あ、あの六本木ヒルズのシンボル！

1

A：오후 2시에 '마망' 앞에서 집합입니다.

B：마망? 그게 뭔데요?

2

A：하하하. 들어본 적 없나요?

B：아까 설명을 들은 것 같기도 한데…….

3

A：모리 빌딩 앞에 있는 거미 조각이에요.

B：아, 그 롯폰기힐즈의 상징!

준비하기

오늘의 주요 단어입니다.
학습을 시작하기 전에
단어부터 살펴보아요.

- 午後(ごご) 오후
- 前(まえ) 앞
- 集合(しゅうごう) 집합
- 聞(き)く 듣다, 묻다
- さっき 아까
- 説明(せつめい) 설명
- クモ 거미
- 彫刻(ちょうこく) 조각
- シンボル 상징
- すき焼(や)き 스키야키
- 絵(え) 그림

실전여행

핫플레이스에 가면
이 한마디는 꼭 시도해 보아요.
패턴으로 완벽 암기하세요.

~たことがある/ない ~한 적이 있다/없다

- 聞(き)いたことありませんか。
  들어본 적 없나요?
- すき焼(や)きを食(た)べたことがありますか。
  스키야키를 먹어본 적이 있나요?
- 着物(きもの)を着(き)たことがあります。
  기모노를 입은 적이 있어요.
- この絵(え)、どこかで見(み)たことがあります。
  이 그림, 어딘가에서 본 적이 있어요.
- そこまでは行(い)ったことがありません。
  거기까지는 간 적이 없어요.

일지쓰기

➡ 핫플레이스에서 대화한 내용을 떠올리며 빈칸을 채워보세요.

1

A：午後2時に「ママン」の前で ＿＿＿＿＿＿＿。

B：ママン？それ何ですか。

A : 오후 2시에 '마망' 앞에서 집합입니다.

B : 마망? 그게 뭔데요?

2

A：ハハ。＿＿＿＿＿＿＿ありませんか。

B：さっき説明を聞いたような気もしますが……

A : 하하하. 들어본 적 없나요?

B : 아까 설명을 들은 것 같기도 한데…….

3

A：森ビルの＿＿＿＿＿＿＿クモの彫刻です。

B：あ、あの六本木ヒルズのシンボル！

A : 모리 빌딩 앞에 있는 거미 조각이에요.

B : 아, 그 롯폰기힐즈의 상징!

정답

1 集合です
2 聞いたこと
3 前にある

기억하기

다음 빈칸에 들어갈 내용을 떠올리며
앞서 다녀온 핫플레이스를 기억해보세요.

23

오다이바(お台場)

~を向いて　~을 향해

- 本物は海の方を向いていますけど。
  진짜 건 바다를 보고 있는데.
- この像は＿＿＿＿＿立っています。
  이 동상은 태평양을 향해 서 있습니다.
- 「上を向いて歩こう」って歌を 紹 介します。
  '위를 보고 걷자'라는 노래를 소개할게요.
- ヒマワリは＿＿＿＿＿咲きます。
  해바라기는 동쪽을 향해 핍니다.
- どちらを向いてもきれいな景色が楽しめます。
  어느 쪽을 봐도 아름다운 경치를 즐길 수 있습니다.

정답

1 太平洋の方を向いて
2 東 を向いて

24

롯폰기힐즈(六本木ヒルズ)

~たことがある/ない　~한 적이 있다/없다

- 聞いたことありませんか。
  들어본 적 없나요?
- すき焼きを＿＿＿＿＿ありますか。
  스키야키를 먹어본 적이 있나요?
- 着物を着たことがあります。
  기모노를 입은 적이 있어요.
- この絵、＿＿＿＿＿あります。
  이 그림, 어딘가에서 본 적이 있어요.
- そこまでは行ったことがありません。
  거기까지는 간 적이 없어요.

정답

1 食べたことが
2 どこかで見たことが

A：景色のよい部屋をお願いします。

B：すべての部屋が海を向いていますが、こちらの部屋は天窓もあります。

A：夜空も眺められますね。この部屋にします。

A : 전망 좋은 방으로 부탁합니다.
B : 모든 방이 바다를 향하고 있는데요, 이 방은 천장 창도 있습니다.
A : 밤하늘도 볼 수 있겠네요. 이 방으로 할게요.

Key Point

뷰가 좋은 방, 원하는 방향을 내다볼 수 있는 방을 요구할 때 쓸 수 있는 표현이다. 景色のよい部屋, ～を向いている部屋라는 표현을 쓰면 된다.

A：お好み焼きを食べたことがありません。

B：じゃ、今日食べに行きましょうか。

A：一緒に行ってくれるんですか。
ああ、うれしい！

A : 오코노미야키를 먹어본 적이 없어요.
B : 그럼 오늘 먹으러 갈까요?
A : 같이 가 주는 거예요? 아, 좋아라!

Key Point

～たことがあった라는 형태로 쓰면 과거의 어느 시점까지 했던 경험을 나타내는 문장이 된다.

25

시부야(渋谷)

오늘 배울 표현은 어디로 할래요?

도쿄의 대표적인 번화가 중 하나인 시부야는 최첨단 유행과 패션, 음악으로 상징되는 젊은이의 거리다. 일곱 개 도로가 엇갈리는 교차로 신호등에 동시에 횡단 신호가 들어오는 스크램블 교차로는 전 세계에서 가장 복잡한 횡단보도로 알려지며 시부야의 상징이다. 낮에는 쇼핑센터와 맛집, 밤이 되면 클럽을 찾는 이들로 종일 붐비는 시부야는 낮과 밤이 모두 활기차다. 시부야역 앞 충견 하치코의 동상은 약속 장소의 대명사였다. 하치코는 주인이 죽은 줄도 모르고 9년간 매일 역 앞에 나가 주인을 기다렸다는 충견 하치에게 공(公)을 붙여 부른 것이다.

미리보기

이번 핫플레이스에서는 어떤 대화를 나눌지 살펴볼까요?

1

A：センター街(がい)って何(なん)ですか。

B：渋谷(しぶや)で唯一(ゆいいつ)の歩行者専用道路(ほこうしゃせんようどうろ)です。

2

B：夜(よる)はクラブに出入(でい)りする若者(わかもの)でとてもにぎやかです。

A：へえ、そうなんですか。

3

A：渋谷(しぶや)の待(ま)ち合(あ)わせ、どこにしますか。

B：ハチ公改札(こうかいさつ)の前(まえ)で待(ま)っています。

1

A：센터 거리가 뭐예요?

B：시부야에서 유일한 보행자 전용 도로예요.

2

B：밤이 되면 클럽에 드나드는 젊은이들로 무척 붐비지요.

A：아, 그래요?

3

A：시부야에서 만날 약속, 어디로 할래요?

B：하치코 개찰구 앞에서 기다리고 있을게요.

준비하기

오늘의 주요 단어입니다. 학습을 시작하기 전에 단어부터 살펴보아요.

- 唯一(ゆいいつ) 유일
- 若者(わかもの) 젊은이
- 夜(よる) 밤
- 出入(でい)り 드나듦
- とても 매우
- にぎやか 북적임
- 待(ま)ち合(あ)わせ 만날 약속
- 連絡先(れんらくさき) 연락처
- 夕(ゆう)ご飯(はん) 저녁밥

실전여행

핫플레이스에 가면 이 한마디는 꼭 시도해 보아요. 패턴으로 완벽 암기하세요.

どこにしますか 어디로 할래요?

- 渋谷(しぶや)の待(ま)ち合(あ)わせ、どこにしますか。
  시부야에서 만날 약속, 어디로 할래요?
- 待(ま)ち合(あ)わせの場所(ばしょ)、どこにしますか。
  약속 장소 어디로 할래요?
- 席(せき)を指定(してい)できるそうです。どこにしますか。
  좌석을 지정할 수 있대요. 어디로 할래요?
- 日本(にほん)の連絡先(れんらくさき)はどこにしますか。
  일본의 연락처는 어디로 할래요?
- 夕(ゆう)ご飯(はん)、この中(なか)でどこにしますか。
  저녁식사, 이 중에서 어디로 할래요?

일지쓰기 

➧ 핫플레이스에서 대화한 내용을 떠올리며 빈칸을 채워보세요.

1

A：センター街(がい)って何(なん)ですか。

B：渋谷(しぶや)で＿＿＿＿＿歩行者専用道路(ほこうしゃせんようどうろ)です。

A：센터 거리가 뭐예요?

B：시부야에서 유일한 보행자 전용 도로예요.

2

B：夜(よる)はクラブに出入(でい)りする若者(わかもの)で＿＿＿＿＿。

A：へえ、そうなんですか。

B：밤이 되면 클럽에 드나드는 젊은이들로 무척 붐비지요.

A：아, 그래요?

3

A：渋谷(しぶや)の待(ま)ち合(あ)わせ、どこにしますか。

B：ハチ公改札(こうかいさつ)の前(まえ)で＿＿＿＿＿。

A：시부야에서 만날 약속, 어디로 할래요?

B：하치코 개찰구 앞에서 기다리고 있을게요.

정답

1 唯一(ゆいいつ)の

2 とてもにぎやかです

3 待(ま)っています

26

신주쿠 교엔(新宿御苑)

오늘 배울 표현은 ~하는 방법

도쿄도 신주쿠구(新宿区)와 시부야구(渋谷区)에 걸쳐 있는 환경성(環境省) 소유의 정원이다. 1879년에 만들어졌는데 '신주쿠 교엔'이라는 이름이 붙은 것은 1906년이다. 부지 내에는 일본식, 영국 풍경식, 프랑스 정형식 정원이 꾸며져 있어 서로 다른 정취를 느낄 수 있다. 벚꽃, 단풍을 포함한 만 그루 이상의 나무가 들어차 있어 도심지 속 자연림, 휴식처로서의 역할을 톡톡히 해낸다는 점에서 뉴욕의 센트럴파크를 연상케 하는 명소다.

벚꽃 철이 되면 술을 마셔가며 꽃구경 삼매경에 빠지는 것이 일본의 문화지만, 신주쿠 교엔에서는 입장객을 대상으로 가방 검사를 실시해 알코올 반입을 철저히 금한다는 것도 미리 알아두자.

미리보기

이번 핫플레이스에서는 어떤 대화를 나눌지 살펴볼까요?

1

A：都心にこんなところがあるとは思いませんでした。

B：知らないと通り過ぎてしまいそうですね。

2

A：しかもこんなに広いとは。

B：また一緒に来ましょう。

3

A：ところで新宿門はどっちですか？

B：あの人たちに行き方を教えてもらいましょう。

1

A：도심지에 이런 데가 있다고는 생각지도 못했어요.

B：모르면 지나쳐버릴 것 같죠?

2

A：게다가 이렇게 넓을 줄이야.

B：우리 또 옵시다.

3

A：그런데 신주쿠문은 어느 쪽이죠?

B：저 사람들한테 가는 방법을 가르쳐 달라고 합시다.

준비하기

오늘의 주요 단어입니다.
학습을 시작하기 전에
단어부터 살펴보아요.

- 思(おも)う 생각하다
- 通(とお)り過(す)ぎる 지나가다
- 一緒(いっしょ)に 같이
- 来(く)る 오다
- どっち 어느 쪽
- 教(おし)える 가르치다
- 手(て) 손
- 箸(はし) 젓가락
- 正(ただ)しい 올바르다
- 読(よ)む 읽다
- 意外(いがい)と 의외로
- 浴衣(ゆかた) 유카타(목욕 뒤, 여름에 입는 전통 홑옷)

실전여행

핫플레이스에 가면
이 한마디는 꼭 시도해 보아요.
패턴으로 완벽 암기하세요.

～の仕方(しかた) ～하는 방법

- 駅(えき)への行(ゆ)き方(かた)を教(おし)えてもらいましょう。
  역으로 가는 방법을 가르쳐 달라고 합시다.
- ホテルへの行(ゆ)き方(かた)を教(おし)えてくださいますか。
  호텔로 가는 방법을 알려 주시겠어요?
- 寿司(すし)の食(た)べ方(かた)は手(て)と箸(はし)、どっちが正(ただ)しいですか。
  초밥 먹는 방법은 손과 젓가락, 어느 쪽이 맞나요?
- この字(じ)の読(よ)み方(かた)が分(わ)かりませんが。
  이 글자 읽는 법을 모르겠는데요.
- 浴衣(ゆかた)の着方(きかた)は意外(いがい)と簡単(かんたん)です。
  유카타 입는 방법은 의외로 간단해요.

일지쓰기

핫플레이스에서 대화한 내용을 떠올리며 빈칸을 채워보세요.

1

A：都心(としん)にこんなところがあるとは思(おも)いませんでした。

B：知(し)らないと＿＿＿＿＿＿ですね。

A：도심지에 이런 데가 있다고는 생각지도 못했어요.

B：모르면 지나쳐버릴 것 같죠?

2

A：しかもこんなに＿＿＿＿＿＿。

B：また一緒(いっしょ)に来(き)ましょう。

A：게다가 이렇게 넓을 줄이야.

B：우리 또 옵시다.

3

A：ところで新宿門(しんじゅくもん)はどっちですか？

B：あの人(ひと)たちに＿＿＿＿＿＿を教(おし)えてもらいましょう。

A：그런데 신주쿠문은 어느 쪽이지?

B：저 사람들한테 가는 방법을 가르쳐 달라고 합시다.

정답

1 通(とお)り過(す)ぎてしまいそう
2 広(ひろ)いとは
3 行(ゆ)き方(かた)

기억하기

다음 빈칸에 들어갈 내용을 떠올리며
앞서 다녀온 핫플레이스를 기억해보세요.

25

시부야(渋谷)

どこにしますか 어디로 할래요?

- 渋谷の＿＿＿＿＿＿、どこにしますか。
  시부야에서 만날 약속, 어디로 할래요?
- 待ち合わせの場所、どこにしますか。
  약속 장소 어디로 할래요?
- 席を指定できるそうです。どこにしますか。
  좌석을 지정할 수 있대요. 어디로 할래요?
- 日本の＿＿＿＿＿＿はどこにしますか。
  일본의 연락처는 어디로 할래요?
- 夕ご飯、＿＿＿＿＿＿。
  저녁식사, 이 중에서 어디로 할래요?

정답

1 待ち合わせ
2 連絡先
3 この中でどこにしますか

26

신주쿠 교엔(新宿御苑)

～の仕方 ～하는 방법

- 駅への行き方を教えてもらいましょう。
  역으로 가는 방법을 가르쳐 달라고 합시다.
- ホテルへの行き方を教えてくださいますか。
  호텔로 가는 방법을 알려 주시겠어요?
- 寿司の＿＿＿＿＿＿は手と箸、どっちが正しいですか。
  초밥 먹는 방법은 손과 젓가락, 어느 쪽이 맞나요?
- この字の＿＿＿＿＿＿が分かりませんが。
  이 글자 읽는 법을 모르겠는데요.
- 浴衣の＿＿＿＿＿＿は意外と簡単です。
  유카타 입는 방법은 의외로 간단해요.

정답

1 食べ方
2 読み方
3 着方

A：明日のランチはどこにしますか。

B：特に食べたいものでもありますか。

A：ジンギスカンが食べたいです。いいお店ありませんか。

B：任せてください。こう見えても 私、グルメですよ。

A : 내일 점심은 어디로 할래요?

B : 특별히 먹고 싶은 거라도 있어요?

A : 칭기즈칸을 먹고 싶어요. 좋은 가게 없어요?

B : 맡겨 주세요. 이래 봬도 제가 미식가라고요.

Key Point

グルメ의 사전상 의미는 '음식에 대해 아주 잘 아는 것, 또는 그런 사람'이다. 실제로는 '미식, 미식가' 등의 의미로도 쓰인다는 것을 알아 두면 문장의 의미를 파악하기 쉽다.

A：これはどうやって使いますか。

B：蓋を開けてボタンを押すだけでオッケーです。

A：簡単ですね。

B：使い方が簡単じゃないと売れませんから。

A : 이건 어떻게 쓰나요?

B : 뚜껑을 열고 버튼을 누르기만 하면 됩니다.

A : 간단하네요.

B : 사용법이 간단해야 팔리니까요.

Key Point

'~하는 방법'이라고 말할 때 동사는 위에서처럼 'ます형+方'을 쓰고, 명사는 '명사+の+仕方'의 형태를 쓴다. 예를 들어 '공부하는 법'이라고 할 때는 勉強の仕方라고 하면 된다.

핫플레이스 일본 여행
주부&간사이

주부&간사이
(中部&関西)
27 지코쿠다니
야생 원숭이 공원
28 다테야마 구로베
알펜루트
29 시라카와고
갓쇼즈쿠리 마을
32 히메지성
31 도다이지
30 이세신궁
MP3

27 지고쿠다니 야생 원숭이 공원(地獄谷野猿公苑)

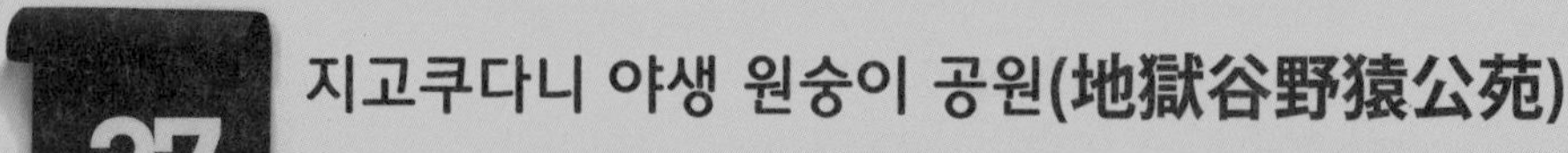

오늘 배울 표현은 ~하지 않으면 안 된다, ~해야 한다

TV에서 한 번쯤은 봤을 법한 '온천욕 하는 원숭이'를 직접 볼 수 있는 곳이다. 나가노현(長野県) 북동부의 야마노우치마치(山ノ内町)라는 마을에 있는데, 겨울이 되면 전 세계에서 관광객이 10만 명이나 몰려든다. 나가노역에서 버스를 타면 한 시간 만에 도착한다. 입구에서 1.6km를 걸어 들어가는 눈 덮인 산길의 운치도 최고다. 공원 내에는 현재 약 150마리의 야생 원숭이가 살고 있다.

한국의 '읍'에 해당하는 야마노우치마치에 열 개의 온천 거리가 형성되어 있을 만큼 온천 관광지로 유명하다. 료칸에 머물며 일본 5대 성인 마쓰모토성(松本城), 가장 오래된 불교 사찰인 젠코지(善光寺), 에도 시대 풍경과 작은 미술관 마을로 알려진 오부세(小布施)를 돌아볼 수 있다.

미리보기 

이번 핫플레이스에서는 어떤 대화를 나눌지 살펴볼까요?

1

A：注意事項(ちゅういじこう)。これは守(まも)らなければならないということですか。

B：読(よ)んでおきましょう。

2

A：セルフィースティックは使(つか)っちゃだめ！

B：え？何(なん)で？

3

A：サルにスティックを突(つ)きつけると、攻撃的(こうげきてき)に見(み)えるかも知(し)れないってことですね。

B：なるほど。

1

A：주의 사항. 이건 꼭 지키라는 건가요?

B：읽어둡시다.

2

A：셀카봉은 쓰면 안 됨!

B：아니 왜?

3

A：원숭이에게 셀카봉을 들이대면 공격적으로 보일 수 있다는 거네요.

B：그렇겠네.

준비하기

오늘의 주요 단어입니다.
학습을 시작하기 전에
단어부터 살펴보아요.

- 注意事項 주의 사항
- 守る 지키다
- セルフィースティック 셀카봉
- サル 원숭이
- 突きつける 들이대다
- なるほど (맞장구치는 말) 과연
- 戻る 돌아오다, 돌아가다

실전여행

핫플레이스에 가면
이 한마디는 꼭 시도해 보아요.
패턴으로 완벽 암기하세요.

~なければならない
~하지 않으면 안 된다, ~해야 한다

- これは守らなければならないということですか。
  이건 꼭 지키라는 건가요?
- 自然保護のため、観光客の数を制限しなければなりません。
  자연보호를 위해 관광객 수를 제한해야 합니다.
- 正午前にホテルに戻らなければなりません。
  정오 전에 호텔에 돌아가야 합니다.
- これは観なければならない公演です。
  이건 꼭 봐야 하는 공연이에요.
- 安全のために知っておかなければならないことを紹介します。
  안전을 위해 알아두어야 하는 점을 소개하겠습니다.

일지쓰기 

핫플레이스에서 대화한 내용을 떠올리며 빈칸을 채워보세요.

1

A：注意事項。これは守らなければならないということですか。

B：__________。

A：주의 사항. 이건 꼭 지키라는 건가요?

B：읽어둡시다.

2

A：__________は使っちゃだめ！

B：え？何で？

A：셀카봉은 쓰면 안 됨!

B：아니 왜?

3

A：サルにスティックを突きつけると、攻撃的に見えるかも知れないってことですね。

B：__________。

A：원숭이에게 셀카봉을 들이대면 공격적으로 보일 수 있다는 거네요.

B：그렇겠네.

정답

1 読んでおきましょう
2 セルフィースティック
3 なるほど

28 다테야마 구로베 알펜루트(立山黒部アルペンルート)

오늘 배울 표현은 **~하면 안 된다**

도야마현의 다테야마역에서 시작해 나가노현의 시나노오마치(信濃大町)에 이르는 약 90km의 산악 관광 코스를 이르는 말로 봄부터 가을까지만 개방된다. 봄에는 거대한 설벽, 여름에는 트래킹 코스, 가을에는 화려한 단풍이 절경을 이루는 것으로 유명하다. 특히 4월 말부터 6월 초순까지 볼 수 있는 '눈의 대계곡'은 설벽의 높이가 무려 15m에 달한다. 해발 3000m의 주변 자연 경관을 해치지 않기 위해 조성된 지하 터널 구간, 깎아지른 듯한 협곡을 건너기 위한 케이블카 등을 이용해 전 구간을 횡단하고 나면 일본 알프스의 규모와 장관에 새삼 놀라게 된다('일본 알프스'는 유럽의 알프스에 비견할 만큼 아름답다는 일본 혼슈의 세 개 산맥이다).

미리보기

이번 핫플레이스에서는 어떤 대화를 나눌지 살펴볼까요?

1

A：ここはおそらく[1]2000メートル以上(いじょう)の高(たか)さでしょう。

B：はい、ここ室堂(むろどう)は標高(ひょうこう)[2]2450メートルです。

2

A：高山病(こうざんびょう)を予防(よぼう)するにはどうすればいいですか。

B：まずは十分(じゅうぶん)に水分(すいぶん)を摂(と)ってください。

3

A：この先(さき)は入(はい)ってはいけないんですね。

B：踏(ふ)んではいけない植物(しょくぶつ)がたくさんありますからね。

참고

[1] 2000 (にせん)

[2] 2450 (にせんよんひゃくごじゅう)

1

A：여기는 분명 2000M 이상 되는 높이겠죠?

B：네, 이곳 무로도는 해발 2450m예요.

2

A：고산병을 예방하려면 어떻게 하면 되나요?

B：우선은 충분히 수분을 섭취하세요.

3

A：이쪽으로는 들어가면 안 되는군요.

B：밟으면 안 되는 식물이 많이 있으니까요.

준비하기

오늘의 주요 단어입니다.
학습을 시작하기 전에
단어부터 살펴보아요.

- おそらく 아마, 필시
- 標高(ひょうこう) 해발
- まず 우선
- 十分(じゅうぶん) 충분함
- 摂(と)る 섭취하다
- 先(さき) 앞
- 踏(ふ)む 밟다
- 騒(さわ)がしい 소란스럽다
- 危(あぶ)ない 위험하다
- 目(め)を離(はな)す 눈을 떼다
- 展示物(てんじぶつ) 전시물
- 触(さわ)る 만지다

실전여행

핫플레이스에 가면
이 한마디는 꼭 시도해 보아요.
패턴으로 완벽 암기하세요.

～てはいけない ～하면 안 된다

- この先(さき)は入(はい)ってはいけませんね。
  이쪽으로는 들어가면 안 되는군요.
- ここで騒(さわ)がしくしてはいけません。
  여기서는 소란스럽게 해서는 안 됩니다.
- 危(あぶ)ないので子供(こども)から目(め)を離(はな)してはいけません。
  위험하니까 아이에게서 눈을 떼서는 안 됩니다.
- 展示物(てんじぶつ)には触(さわ)ってはいけません。
  전시물은 만지면 안 됩니다.
- ここではたばこを吸(す)ってはいけません。
  여기서는 담배를 피우면 안 됩니다.

일지쓰기

➡ 핫플레이스에서 대화한 내용을 떠올리며 빈칸을 채워보세요.

참고

❶ 2000 (にせん)

❷ 2450 (にせんよんひゃくごじゅう)

정답

1 おそらく

2 予防(よぼう)するには

3 踏(ふ)んではいけない

1

A：ここは＿＿＿＿＿❶2000(にせん)メートル以上(いじょう)の高(たか)さでしょう。

B：はい、ここ室堂(むろどう)は標高(ひょうこう)❷2450メートルです。

A：여기는 분명 2000M 이상 되는 높이겠죠?

B：네, 이곳 무로도는 해발 2450m예요.

2

A：高山病(こうざんびょう)を＿＿＿＿＿どうすればいいですか。

B：まずは十分(じゅうぶん)に水分(すいぶん)を摂(と)ってください。

A：고산병을 예방하려면 어떻게 하면 되나요?

B：우선은 충분히 수분을 섭취하세요.

3

A：この先(さき)は入(はい)ってはいけないんですね。

B：＿＿＿＿＿植物(しょくぶつ)がたくさんありますからね。

A：이쪽으로는 들어가면 안 되는군요.

B：밟으면 안 되는 식물이 많이 있으니까요.

기억하기

다음 빈칸에 들어갈 내용을 떠올리며
앞서 다녀온 핫플레이스를 기억해보세요.

27

지고쿠다니 야생 원숭이 공원(地獄谷野猿公苑)

~なければならない ~하지 않으면 안 된다, ~해야 한다

- これは守らなければならないということですか。
  이건 꼭 지키라는 건가요?
- 自然保護のため、観光客の数を制限しなければなりません。
  자연보호를 위해 관광객 수를 제한해야 합니다.
- 正午前にホテルに＿＿＿＿＿。
  정오 전에 호텔에 돌아가야 합니다.
- これは＿＿＿＿＿公演です。
  이건 꼭 봐야 하는 공연이에요.
- 安全のために知っておかなければならないことを紹介します。 안전을 위해 알아두어야 하는 점을 소개하겠습니다.

정답

1 戻らなければなりません
2 観なければならない

28

다테야마 구로베 알펜루트(立山黒部アルペンルート)

~てはいけない ~하면 안 된다

- この先は入ってはいけませんね。
  이쪽으로는 들어가면 안 되는군요.
- ここで＿＿＿＿＿いけません。
  여기서는 소란스럽게 해서는 안 됩니다.
- ＿＿＿＿＿子供から目を離してはいけません。
  위험하니까 아이에게서 눈을 떼서는 안 됩니다.
- ＿＿＿＿＿触ってはいけません。
  전시물은 만지면 안 됩니다.
- ここではたばこを吸ってはいけません。
  여기서는 담배를 피우면 안 됩니다.

정답

1 騒がしくしては
2 危ないので
3 展示物には

A：飲み物は必ず注文しなければならないんですか。

B：はい。お一人様一品をお願いしております。

A：代わりに食べ物を注文することはできますか。

B：もちろん可能です。

A : 음료는 꼭 주문해야 하나요?

B : 네, 한 분에 하나씩 부탁드리고 있습니다.

A : 대신 먹는 걸 주문할 수는 있나요?

B : 물론 가능합니다.

Key Point

한 사람이 음료를 하나씩 주문해야 하는 경우는 ワンドリンクオーダー制, 한 사람이 어떤 메뉴 건 하나씩 주문해야 하는 경우는 ワンオーダー制라고 부른다.

A：キツネ、かわいい！

B：皆さん、あまり近づかないでくださいね。

A：ガイドさん、こんなのあげてもいいですか。

B：野生動物なので餌をあげてはいけません。

A : 여우 귀엽다!

B : 여러분, 너무 다가가지는 마세요.

A : 가이드 님, 이런 거 줘도 되나요?

B : 야생동물이라 먹이를 주면 안 됩니다.

Key Point

~てもいいですか(~해도 되나요?)라는 질문에 대해서는 ~てもいいです(~해도 됩니다) 또는 ~てはいけません(~해서는 안 됩니다)라는 답을 할 수 있다. 요긴한 대화이므로 알아둔다.

29

시라카와고(白川郷) 갓쇼즈쿠리(合掌造り) 마을

오늘 배울 표현은 **삼가 주십시오**

기후현(岐阜県)의 산골 마을 시라카와고에는 양손을 모아 합장한 형태로 지붕이 뾰족한 가옥이 옹기종기 모여 집락을 이루고 있다. 폭설 후 지붕 위의 눈을 치우기 쉽게 하고, 지붕 안의 공간을 늘려 양잠에 활용하기 위해 만들어진 형태라고 한다. 자세히 보면 집들의 지붕 선이 동서로 뻗어 있는데 이는 집 안으로 햇빛이 잘 들게 하기 위해서다.

가옥 형태가 잘 보존될 수 있었던 이유는 오래전부터 폭설 지대였던 데다가 도로정비가 늦어져 외부인의 접근이 어려웠기 때문이다. 인접한 도야마현(富山県) 고카야마(五箇山)의 갓쇼즈쿠리 마을과 함께 1995년 유네스코 세계유산에 등재된 후로는 관광객이 급증했다.

미리보기

이번 핫플레이스에서는 어떤 대화를 나눌지 살펴볼까요?

1

A：これ、どういう意味(いみ)でしょうかね。

B：「住人(じゅうにん)への迷惑行為(めいわくこうい)はご遠慮(えんりょ)ください」……

2

B：やたらに家(いえ)の中(なか)へ入(はい)る観光客(かんこうきゃく)がいるんですって。

A：ええ？そんな！

3

B：だから注意(ちゅうい)してください、って意味(いみ)でしょ。

A：うん。観光地(かんこうち)に住(す)む人(ひと)も大変(たいへん)ですね。

1

A：이거 무슨 의미일까요?

B：「주민에게 피해를 주는 행위는 삼가 주십시오」……

2

B：함부로 집 안에 들어가는 관광객이 있대요.

A：네? 그런!

3

B：그러니까 '주의해 주세요'라는 의미겠죠.

A：흠, 관광지에 사는 사람도 힘들겠네요.

준비하기

오늘의 주요 단어입니다.
학습을 시작하기 전에
단어부터 살펴보아요.

- 住人(じゅうにん) 주민
- 迷惑行為(めいわくこうい) 피해를 주는 행위
- 遠慮(えんりょ) 사양함
- 家(いえ) 집
- やたら 함부로
- 屋外(おくがい) 실외
- 飲食(いんしょく) 먹고 마심
- 喫煙(きつえん) 흡연
- 持(も)ち込(こ)み 가지고 들어감

실전여행

핫플레이스에 가면
이 한마디는 꼭 시도해 보아요.
패턴으로 완벽 암기하세요.

ご遠慮(えんりょ)ください 삼가 주십시오

- 住人(じゅうにん)への迷惑行為(めいわくこうい)はご遠慮(えんりょ)ください。
  주민에게 피해를 주는 행위는 삼가 주십시오.
- 屋外(おくがい)での飲食(いんしょく)はご遠慮(えんりょ)ください。
  실외에서의 음식 섭취는 삼가 주십시오.
- 飲酒(いんしゅ)の上(うえ)での入苑(にゅうえん)はご遠慮(えんりょ)ください。
  음주 상태의 공원 입장은 삼가 주십시오.
- 喫煙(きつえん)はご遠慮(えんりょ)ください。
  흡연은 삼가 주십시오.
- 飲食物(いんしょくぶつ)の持(も)ち込(こ)みはご遠慮(えんりょ)ください。
  음식물 반입은 삼가 주십시오.

일지쓰기

➡ 핫플레이스에서 대화한 내용을 떠올리며 빈칸을 채워보세요.

1

A：これ、どういう意味(いみ)でしょうかね。

B：「住人(じゅうにん)への＿＿＿＿＿はご遠慮(えんりょ)ください」……

A：이거 무슨 의미일까요?

B：「주민에게 피해를 주는 행위는 삼가 주십시오」……

2

B：＿＿＿＿＿家(いえ)の中(なか)へ入(はい)る観光客(かんこうきゃく)がいるんですって。

A：ええ？そんな！

B：함부로 집 안에 들어가는 관광객이 있대요.

A：네? 그런!

3

B：だから注意(ちゅうい)してください、って意味(いみ)でしょ。

A：うん。観光地(かんこうち)に住(す)む人(ひと)も＿＿＿＿＿。

B：그러니까 '주의해 주세요'라는 의미겠죠.

A：흠, 관광지에 사는 사람도 힘들겠네요.

정답

1 迷惑行為(めいわくこうい)

2 やたらに

3 大変(たいへん)ですね

30 이세신궁(伊勢神宮)

오늘 배울 표현은 혼령을 모시다, 기리다

미에현(三重県) 동부의 이세에 있는 신사로 도쿄의 메이지신궁(明治神宮), 오이타(大分)의 우사신궁(宇佐神宮)과 함께 3대 신궁으로 불린다. 태양신을 모신 내궁과 의식주의 신을 모신 외궁, 이 두 개의 정궁과 수많은 별궁 등으로 구성된 이세신궁은 이세시 면적의 3분의 1을 차지할 정도로 넓고 일반인은 정궁의 내부를 볼 수 없다. 이세신궁의 가장 큰 특징은 20년에 한 번씩 신을 모신 건물을 똑같은 모습으로 새로 세우고 이전의 건물을 헐어버리는 것이다. 일본에서 가장 오래된 건축양식으로 짓기 때문에 건물 수명이 20년 정도밖에 되지 않아서라고 한다. 일본인들이 평생 한 번은 방문하고 싶은 곳으로 꼽으며 연간 600만 명이 방문해 참배한다.

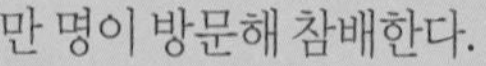

미리보기

이번 핫플레이스에서는 어떤 대화를 나눌지 살펴볼까요?

1

A：伊勢神宮(いせじんぐう)に行(い)ってみたいと思(おも)っています。

B：まだ行(い)ったことありませんか。

2

A：おすすめの時期(じき)がありますか。

B：やっぱり年末年始(ねんまつねんし)がベストです。

3

A：伊勢神宮(いせじんぐう)はだれを祭(まつ)るところですか。

B：太陽(たいよう)の神様(かみさま)、衣食住(いしょくじゅう)を守(まも)る神様(かみさま)などを祭(まつ)るところです。

1

A：이세신궁에 가 보고 싶어요.

B：아직 가 본 적 없어요?

2

A：추천하는 시기가 있나요?

B：역시 연말연시가 최고예요.

3

A：이세신궁은 누구를 모시는 곳인가요?

B：태양의 신, 의식주를 지키는 신 등을 모시는 곳이에요.

준비하기

오늘의 주요 단어입니다.
학습을 시작하기 전에
단어부터 살펴보아요.

- まだ 아직
- 神様(かみさま) 신
- など 등
- 神社(じんじゃ) 신사
- お寺(てら) 절
- 仏様(ほとけさま) 부처님
- 仏壇(ぶつだん) 불단
- 先祖(せんぞ) 조상
- ため 위함, 때문

실전여행

핫플레이스에 가면
이 한마디는 꼭 시도해 보아요.
패턴으로 완벽 암기하세요.

~を祭(まつ)る 혼령을 모시다, 기리다

- 伊勢神宮(いせじんぐう)はだれを祭(まつ)るところですか。
  이세신궁은 누구를 모시는 곳인가요?
- 神社(じんじゃ)は神様(かみさま)を祭(まつ)るところです。
  신사는 신을 모시는 곳입니다.
- お寺(てら)は仏様(ほとけさま)を祭(まつ)るところです。
  절은 부처님을 모시는 곳입니다.
- 東京(とうきょう)の明治神宮(めいじじんぐう)は明治天皇(めいじてんのう)を祭(まつ)るところです。
  도쿄의 메이지신궁은 메이지 일왕을 기리는 곳입니다.
- 各家庭(かくかてい)の仏壇(ぶつだん)は、先祖(せんぞ)を祭(まつ)るためのものです。
  각 가정의 불단은 조상을 모시기 위한 것입니다.

일지쓰기 

핫플레이스에서 대화한 내용을 떠올리며 빈칸을 채워보세요.

1

A：伊勢神宮(いせじんぐう)に行(い)ってみたいと思(おも)っています。

B：まだ＿＿＿＿＿ありませんか。

A：이세신궁에 가 보고 싶어요.

B：아직 가 본 적 없어요?

2

A：おすすめの時期(じき)がありますか。

B：＿＿＿＿＿年末年始(ねんまつねんし)がベストです。

A：추천하는 시기가 있나요?

B：역시 연말연시가 최고예요.

3

A：伊勢神宮(いせじんぐう)は＿＿＿＿＿ところですか。

B：太陽(たいよう)の神様(かみさま)、衣食住(いしょくじゅう)を守(まも)る神様(かみさま)などを祭(まつ)るところです。

A：이세신궁은 누구를 모시는 곳인가요?

B：태양의 신, 의식주를 지키는 신 등을 모시는 곳이에요.

정답

1 行(い)ったこと
2 やっぱり
3 だれを祭(まつ)る

기억하기

다음 빈칸에 들어갈 내용을 떠올리며
앞서 다녀온 핫플레이스를 기억해보세요.

29

시라카와고(白川郷) **갓쇼즈쿠리**(合掌造り) **마을**

ご遠慮ください 삼가 주십시오

- 住人(じゅうにん)への迷惑行為(めいわくこうい)はご遠慮(えんりょ)ください。
  주민에게 피해를 주는 행위는 삼가 주십시오.
- 屋外(おくがい)での________はご遠慮(えんりょ)ください。
  실외에서의 음식 섭취는 삼가 주십시오.
- 飲酒(いんしゅ)の上(うえ)での入苑(にゅうえん)はご遠慮(えんりょ)ください。
  음주 상태의 공원 입장은 삼가 주십시오.
- 喫煙(きつえん)はご遠慮(えんりょ)ください。
  흡연은 삼가 주십시오.
- 飲食物(いんしょくぶつ)の________はご遠慮(えんりょ)ください。
  음식물 반입은 삼가 주십시오.

정답

1 飲食(いんしょく)
2 持ち込み(もこ)

30

이세신궁(伊勢神宮)

～を祭る ～를 모시다, 제사 지내다

- 伊勢神宮(いせじんぐう)は________ところですか。
  이세신궁은 누구를 모시는 곳인가요?
- 神社(じんじゃ)は________を祭(まつ)るところです。
  신사는 신을 모시는 곳입니다.
- お寺(てら)は________を祭(まつ)るところです。
  절은 부처님을 모시는 곳입니다.
- 東京(とうきょう)の明治神宮(めいじじんぐう)は明治天皇(めいじてんのう)を祭(まつ)るところです。
  도쿄의 메이지신궁은 메이지 일왕을 기리는 곳입니다.
- 各家庭(かくかてい)の仏壇(ぶつだん)は、先祖(せんぞ)を祭(まつ)るためのものです。
  각 가정의 불단은 조상을 모시기 위한 것입니다.

정답

1 だれを祭(まつ)る
2 神様(かみさま)
3 仏様(ほとけさま)

A：「座席でのおむつ替えはご遠慮ください」？すみません。おむつ替えはどこですればいいですか。

B：トイレにあるおむつ交換台をご利用ください。

A：ありがとうございます。

A :「좌석에서 기저귀를 가는 행위는 삼가 주세요」? 여보세요? 기저귀는 어디서 갈면 되나요?

B : 화장실에 있는 기저귀 교환대를 이용해 주세요.

A : 감사합니다.

Key Point

ご遠慮ください 외에도 금지 또는 자제를 요청하는 문구에는 お控えください나 おやめください라는 말이 있다.

A：神社と神宮はどう違いますか。

B：神社の中で一番格式の高いのが神宮です。

A：格式が高い？

B：天皇とか功績を残した特定の神様を祭るところが神宮なのです。

A : 신사와 신궁은 어떻게 다른가요?

B : 신사 중에서 가장 격식이 높은 것이 신궁이에요.

A : 격식이 높다?

B : 일왕이나 공적을 남긴 특정 신을 모시는 곳이 신궁인 거죠.

Key Point

일본은 독특한 토착 신앙인 신도(神道)가 뿌리내리고 있어 사람이 사는 곳에는 빠짐없이 신사가 존재한다. 따라서 ~を祭る라는 표현은 현지 문화를 이해하는 데 매우 유용한 일상적 표현이다.

31 도다이지(東大寺)

오늘 배울 표현은 어떻게

도다이지는 나라 시대(710~790)를 대표하는 사찰로 부처님의 힘으로 국가를 지키려 한 쇼무(聖武)왕의 뜻에 따라 건립되었다. 본존은 현존하는 세계 최대 목조 건물인 대불전에 안치된 비로자나불로서 앉은키가 16m, 얼굴 길이가 5m에 이른다. 대불전을 비롯한 도다이지의 여러 건축물들은 일본 국보로 지정되어 있다. 또 도다이지를 포함한 나라시의 사찰과 신사는 1998년 유네스코 세계문화유산으로 지정된 바 있는데, 이 일대를 나라 공원이라 부르며 약 1200마리의 사슴이 자연 방사되고 있다. 센베이(전병)를 사서 먹이로 나눠 주는 사람들이 많다 보니 사람만 보면 먹이를 달라고 다가와 들이받기까지 하는 사슴이 있다는 것도 알아두자.

미리보기

이번 핫플레이스에서는 어떤 대화를 나눌지 살펴볼까요?

1

A：シカは全部(ぜんぶ)で何頭(なんとう)くらいいますか。

B：1200頭(とう)くらいだそうです。

2

A：そんなに多(おお)いのをどうやって数(かぞ)えるんでしょう。

B：そうですね。

3

A：全部(ぜんぶ)野生(やせい)のシカですね。

B：はい。天然記念物(てんねんきねんぶつ)に指定(してい)されている野生動物(やせいどうぶつ)です。

참고

1 1200(せんにひゃく)

1

A：사슴은 전부 몇 마리 정도 있나요?

B：1200마리 정도라고 해요.

2

A：그렇게 많은 걸 어떻게 헤아리는 걸까요?

B：글쎄요.

3

A：전부 야생 사슴이지요?

B：예. 천연기념물로 지정된 야생 동물이에요.

준비하기

오늘의 주요 단어입니다.
학습을 시작하기 전에
단어부터 살펴보아요.

- シカ 사슴
- 頭(とう) 마리
- 数(かぞ)える 헤아리다
- 天然記念物(てんねんきねんぶつ) 천연기념물
- 野生動物(やせいどうぶつ) 야생 동물
- 大仏(だいぶつ) 대불
- 窓(まど) 창문
- 開(あ)ける 열다

실전여행

핫플레이스에 가면
이 한마디는 꼭 시도해 보아요.
패턴으로 완벽 암기하세요.

どうやって 어떻게

- そんなに多(おお)いのをどうやって数(かぞ)えるんでしょう。
  그렇게 많은 걸 어떻게 헤아리는 걸까요?
- 大仏(だいぶつ)はどうやって掃除(そうじ)しますか。
  대불은 어떻게 청소하죠?
- これはどうやって食(た)べるんですか。
  이건 어떻게 먹는 건가요?
- これはどうやって使(つか)うんですか。
  이건 어떻게 쓰는 건가요?
- 部屋(へや)の窓(まど)はどうやって開(あ)けますか。
  방의 창문은 어떻게 여나요?

일지쓰기

▶ 핫플레이스에서 대화한 내용을 떠올리며 빈칸을 채워보세요.

참고

1 1200(せんにひゃく)

정답

1 何頭くらい

2 どうやって

3 野生動物

1

A：シカは全部で＿＿＿＿＿＿いますか。

B：1200頭くらいだそうです。

A：사슴은 전부 몇 마리 정도 있나요?

B：1200마리 정도라고 해요.

2

A：そんなに多いのを＿＿＿＿＿＿数えるんでしょう。

B：そうですね。

A：그렇게 많은 걸 어떻게 헤아리는 걸까요?

B：글쎄요.

3

A：全部野生のシカですね。

B：はい。天然記念物に指定されている＿＿＿＿＿＿です。

A：전부 야생 사슴이지요?

B：예. 천연기념물로 지정된 야생 동물이에요..

32 히메지성(姬路城)

오늘 배울 표현은 **환승**

효고현(兵庫県) 히메지시(姬路市)에 있는 성으로 흰색 외벽과 날개 모양의 지붕이 백로의 모습을 닮아 '백로성'이라 불린다. '까마귀성'이라 불리는 검은색의 오카야마성(岡山城)과 대비를 이루면서 흰 성, 검은 성으로 기억된다. 히메지 성은 원래 16세기에 목조 건물로 지어졌으나 무기의 발달에 따라 불에 타는 일이 잦았는데, 화재에 견디기 위해 지붕과 외벽에 흰 회반죽을 발라 흰색을 띠게 되었다고 한다. 특히 2015년에는 천수각을 수리하면서 새로 칠을 한 덕에 더욱 하얀 모습으로 재탄생했다. 다만 시간이 가면 지붕부터 조금씩 색이 검어진다고 하니 너무 오랜 시간이 지나기 전에 찾아가 보는 것도 좋을 듯하다.

미리보기

이번 핫플레이스에서는 어떤 대화를 나눌지 살펴볼까요?

1

A：大阪(おおさか)から姫路(ひめじ)までJRで行(い)けばどれくらいかかりますか。

B：速(はや)ければ１時間(いちじかん)くらいで着(つ)きます。

2

A：乗(の)り換(か)えもありますか。

B：はい、１回(いっかい)あります。

3

A：乗換駅(のりかええき)はどこですか。

B：新大阪駅(しんおおさかえき)です。

1

A：오사카에서 히메지까지 JR로 가면 얼마나 걸리나요?

B：빠르면 1시간 정도면 도착해요.

2

A：환승도 있어요?

B：네, 한 번 있어요.

3

A：환승역은 어디예요?

B：신오사카역이에요.

준비하기

오늘의 주요 단어입니다.
학습을 시작하기 전에
단어부터 살펴보아요.

- 乗り換え(のかえ) 환승
- 当駅(とうえき) 당역, 이번 역
- 次(つぎ) 다음
- 間違える(まちがえる) 틀리다, 잘못 알다

실전여행

핫플레이스에 가면
이 한마디는 꼭 시도해 보아요.
패턴으로 완벽 암기하세요.

乗り換え(のかえ) 환승

- 乗り換えもありますか。(の か)
  환승도 있어요?
- 大阪方面ゆきは当駅で乗り換えです。(おおさかほうめん とうえき の か)
  오사카 방면으로 가려면 당역에서 환승입니다.
- 次の駅で乗り換えですよ。(つぎ えき の か)
  다음 역에서 환승입니다.
- 乗り換えは何回しますか。(の か なんかい)
  환승은 몇 번 하나요?
- 乗換駅を間違えました。(のりかええき まちが)
  환승역을 잘못 알았어요.

일지쓰기

➡ 핫플레이스에서 대화한 내용을 떠올리며 빈칸을 채워보세요.

1

A：大阪(おおさか)から姫路(ひめじ)までJRで行(い)けばどれくらいかかりますか。

B：＿＿＿＿＿ 1時間(いちじかん)くらいで着(つ)きます。

A：오사카에서 히메지까지 JR로 가면 얼마나 걸리나요?

B：빠르면 1시간 정도면 도착해요.

2

A：乗(の)り換(か)えもありますか。

B：はい、＿＿＿＿＿。

A：환승도 있어요?

B：네, 한 번 있어요.

3

A：＿＿＿＿＿はどこですか。

B：新大阪駅(しんおおさかえき)です。

A：환승역은 어디예요?

B：신오사카역이에요.

정답

1 速(はや)ければ
2 1回(いっかい)あります
3 乗換駅(のりかええき)

기억하기

다음 빈칸에 들어갈 내용을 떠올리며
앞서 다녀온 핫플레이스를 기억해보세요.

31

도다이지(東大寺)

どうやって 어떻게

- そんなに多いのをどうやって数えるんでしょう。
  그렇게 많은 걸 어떻게 헤아리는 걸까요?
- 大仏は__________。
  대불은 어떻게 청소하죠?
- これはどうやって食べるんですか。
  이건 어떻게 먹는 건가요?
- これはどうやって使うんですか。
  이건 어떻게 쓰는 건가요?
- 部屋の窓は__________。
  방의 창문은 어떻게 여나요?

정답

1 どうやって掃除しますか
2 どうやって開けますか

32

히메지성(姫路城)

乗り換え 환승

- 乗り換えもありますか。
  환승도 있어요?
- 大阪方面ゆきは__________です。
  오사카 방면으로 가려면 당역에서 환승입니다.
- 次の駅で乗り換えですよ。
  다음 역에서 환승입니다.
- 乗り換えは何回しますか。
  환승은 몇 번 하나요?
- __________を間違えました。
  환승역을 잘못 알았어요.

정답

1 当駅で乗り換え
2 乗換駅

A：あの、すみません。これ何(なん)ですか。

B：ズボンプレッサーです。 ズボンのしわを伸(の)ばす家電製品(かでんせいひん)です。

A：どうやって使(つか)うんですか。

A : 저 잠깐만요. 이건 뭔가요?

B : 팬츠 프레서예요. 바지의 주름을 펴는 가전제품이에요.

A : 어떻게 쓰는 건데요?

Key Point

문화가 달라 낯선 가전제품, 처음 보는 장치나 기구 등은 사용 방법을 물어볼 수밖에 없다. 이때 どうやって를 쓰면 된다.

A：姫路 城(ひめじじょう)まではどうやって行(い)けばいいですか。

B：とても簡単(かんたん)です。

A：乗(の)り換(か)えがあるかどうかが一番気(いちばんき)になります。

B：乗(の)り換(か)えなしで行(い)けます。姫路駅(ひめじえき)で降(お)りてください。

A : 히메지 성까지는 어떻게 가면 되나요?

B : 정말 간단해요.

A : 환승이 있는지가 가장 궁금해요.

B : 환승 없이 갈 수 있어요. 히메지역에서 내리세요.

Key Point

乗(の)り換(か)えなしで는 '환승 없이'라는 말이다. 乗(の)り換(か)えせずに, 乗(の)り換(か)えしないで라는 표현도 쓸 수 있다.

핫플레이스 일본 여행
교토&오사카
かに道楽
お土産コーナー
SOUVENIR SHOP
纪念品店
寿司
お土産に、かに寿司
게 스시 Crab sushi 蟹肉寿司
特急便
かに道
120円

교토&오사카
(京都&大阪)

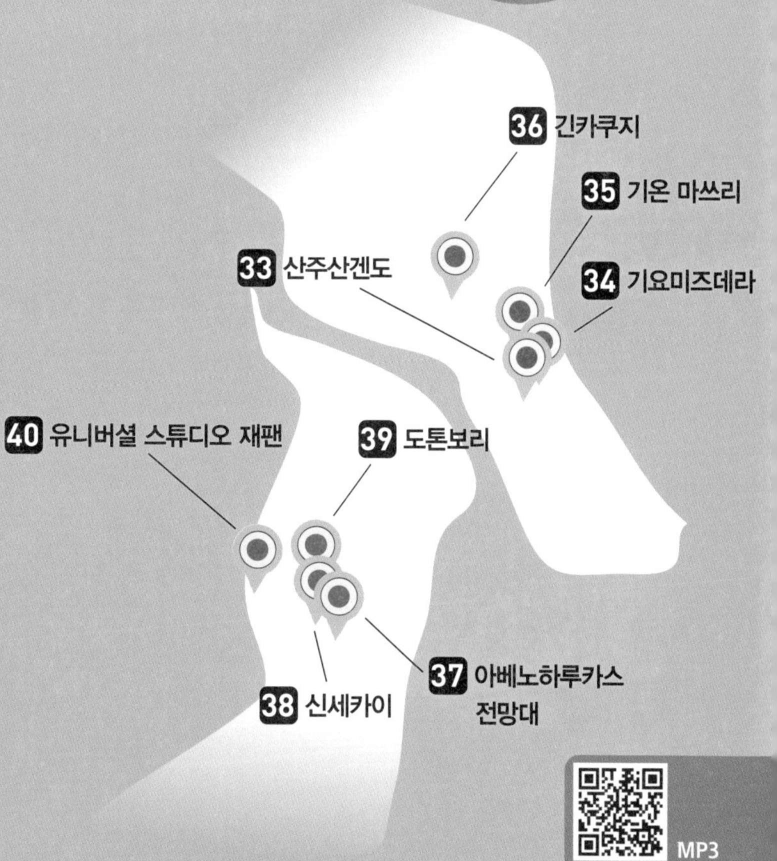

MP3

33 산주산겐도(三十三間堂)

오늘 배울 표현은 **온 이상은**

교토에 왔으니 기요미즈데라, 긴카쿠지만 보면 된다고 생각한다면, 또는 나라에서 도다이지를 봤다고 해서 사찰만 실컷 봤다고 얘기한다면 참으로 안타까운 노릇이다. 산주산겐도가 남아있기 때문이다. 아직 모르는 사람이 더 많지만 이곳이야말로 보는 이의 뇌리 깊은 곳에 오래오래 남을 것이 틀림없다. 산주산겐도는 건물을 떠받치는 수많은 기둥 덕에 건물이 서른세 칸이 되었다고 해서 붙은 이름이다. 세계에서 가장 긴 일자형 목조 건물인 산주산겐도 안에는 1001개의 천수관음상이 모셔져 있다. 1164년에 처음 축조되어 오랜 세월 소실과 재건을 거치면서 경이로운 현재의 모습을 간직한, 교토의 보물과도 같은 곳이다.

미리보기

이번 핫플레이스에서는 어떤 대화를 나눌지 살펴볼까요?

1

A：京都(きょうと)に来(き)たからには、ここは外(はず)せません。

B：ここってどこですか。

2

A：三十三間堂(さんじゅうさんげんどう)です。聞(き)いたことありますか。

B：はい、あの観音像(かんのんぞう)！

3

A：よく知(し)っていますね。

B：まだ行(い)ったことはありません。

1

A：교토에 온 이상 여기는 빼놓을 수 없죠.

B：여기가 어딘데요?

2

A：산주산겐도예요. 들어본 적 있어요?

B：네, 그 관음상!

3

A：잘 아네요.

B：아직 가 본 적은 없어요.

준비하기

오늘의 주요 단어입니다.
학습을 시작하기 전에
단어부터 살펴보아요.

- 外(はず)す 빼다, 떼어내다
- 観音像(かんのんぞう) 관음상
- よく 잘
- あきらめる 포기하다

실전여행

핫플레이스에 가면
이 한마디는 꼭 시도해 보아요.
패턴으로 완벽 암기하세요.

来(き)たからには 온 이상은

- 京都(きょうと)に来(き)たからには、ここは外(はず)せません。
  교토에 온 이상 여기는 빼놓을 수 없죠.
- 仙台(せんだい)に来(き)たからには牛(ぎゅう)タンを食(た)べないと！
  센다이에 온 이상 규탄을 먹어야죠!
- 日本(にほん)に来(き)たからには富士山(ふじさん)が見(み)たいですね。
  일본에 온 이상 후지산을 보고 싶네요.
- ここまで来(き)たからには絶対(ぜったい)にあきらめません。
  여기까지 온 이상 절대로 포기하지 않아요.
- 私(わたし)が来(き)たからには、もう大丈夫(だいじょうぶ)です。
  내가 온 이상 이제 괜찮습니다.

일지쓰기 

▶ 핫플레이스에서 대화한 내용을 떠올리며 빈칸을 채워보세요.

1

A：京都(きょうと)に来(き)たからには、ここは ＿＿＿＿＿。

B：ここってどこですか。

A：교토에 온 이상 여기는 빼놓을 수 없죠.

B：여기가 어딘데요?

2

A：三十三間堂(さんじゅうさんげんどう)です。＿＿＿＿＿ありますか。

B：はい、あの観音像(かんのんぞう)！

A：산주산겐도예요. 들어본 적 있어요?

B：네, 그 관음상!

3

A：よく＿＿＿＿＿。

B：まだ行(い)ったことはありません。

A：잘 아네요.

B：아직 가 본 적은 없어요.

정답

1 外(はず)せません
2 聞(き)いたこと
3 知(し)っていますね

34

기요미즈데라(清水寺)

오늘 배울 표현은 ~에서는 절대 ~않다

기요미즈데라는 교토(京都)에 있는 사찰로 778년에 창건되었다. 이후 총 아홉 번의 화재로 소실과 재건을 반복했고 현재의 건물은 1633년에 재건된 것이다. 대표적인 건물은 국보로 지정되어 있는 본당(대웅전)으로 여기에 이른바 '기요미즈의 무대'가 딸려 있다. 기요미즈의 무대는 본당에서 절벽 쪽으로 밀려 나와 있어 흡사 절벽 위에 건물이 서 있는 것처럼 보인다. 못을 전혀 쓰지 않고 만들었다고 하니 놀라울 따름이다. 본당 아래에는 이곳 명칭의 유래가 된 샘물이 솟아나 세 줄기로 흐르는데 각기 학문, 연애, 장수를 상징하고 이 물을 받아 마시면 그 소원을 이룬다고 알려진다. 사시사철 풍경이 아름다워 몇 번이고 다시 찾는 관광객이 많다.

미리보기

이번 핫플레이스에서는 어떤 대화를 나눌지 살펴볼까요?

1

A：ここは「清水(きよみず)の舞台(ぶたい)」と呼(よ)ばれています。

B：わあ、京都(きょうと)を一目(ひとめ)で見渡(みわた)すことができます！

2

B：まるで崖(がけ)の上(うえ)に立(た)っているようです。

A：他(ほか)では絶対(ぜったい)見(み)られない構造(こうぞう)ですね。

3

B：左(ひだり)から学問(がくもん)、恋愛(れんあい)、長寿(ちょうじゅ)の水(みず)ですか。

A：はい。一口(ひとくち)だけお飲(の)みください。

1

A：여기는 '기요미즈의 무대'라 불려요.

B：와, 교토를 한눈에 다 바라볼 수 있어요!

2

B：마치 절벽 위에 선 것 같아요.

A：다른 데서는 절대 볼 수 없는 구조지요.

3

B：왼쪽부터 학문, 연애, 장수의 물인가요?

A：예. 한 모금만 드세요.

준비하기

오늘의 주요 단어입니다.
학습을 시작하기 전에
단어부터 살펴보아요.

- 舞台(ぶたい) 무대
- 呼ぶ(よぶ) 부르다
- 一目(ひとめ) 한눈
- 見渡す(みわたす) 바라보다
- まるで 마치
- 崖(がけ) 벼랑
- 左(ひだり) 왼쪽
- 水(みず) 물
- 一口(ひとくち) 한 모금
- 星空(ほしぞら) 별이 뜬 밤

실전여행

핫플레이스에 가면
이 한마디는 꼭 시도해 보아요.
패턴으로 완벽 암기하세요.

～では絶対(ぜったい)～ない ～에서는 절대 ～않다

- 他(ほか)では絶対(ぜったい)見(み)られない構造(こうぞう)です。
  다른 데서는 절대 볼 수 없는 구조예요.

- こんな星空(ほしぞら)は都会(とかい)では絶対(ぜったい)見(み)られません。
  이렇게 별이 뜬 하늘은 도시에서는 절대 못 봐요.

- 今(いま)では絶対(ぜったい)見(み)られない光景(こうけい)ですね。
  지금은 절대 못 보는 광경이네요.

- スキンシップは海外(かいがい)では絶対通(ぜったいつう)じない和製英語(わせいえいご)です。
  스킨십은 해외에서는 절대 안 통하는 일본식 영어예요.

- こんなの家(いえ)では絶対(ぜったい)食(た)べられません。
  이런 거 집에서는 절대 못 먹어요.

일지쓰기

➡ 핫플레이스에서 대화한 내용을 떠올리며 빈칸을 채워보세요.

1

A：ここは「清水の舞台」と呼ばれています。

B：わあ、京都を________ことができます！

A：여기는 '기요미즈의 무대'라 불려요.

B：와, 교토를 한눈에 다 바라볼 수 있어요!

2

B：________崖の上に立っているようです。

A：他では絶対見られない構造ですね。

B：마치 절벽 위에 선 것 같아요.

A：다른 데서는 절대 볼 수 없는 구조지요.

3

B：左から学問、恋愛、長寿の水ですか。

A：はい。________お飲みください。

B：왼쪽부터 학문, 연애, 장수의 물인가요?

A：예. 한 모금만 드세요.

정답

1 一目で見渡す

2 まるで

3 一口だけ

기억하기

다음 빈칸에 들어갈 내용을 떠올리며
앞서 다녀온 핫플레이스를 기억해보세요.

33

산주산겐도(三十三間堂)

来たからには 온 이상은

- 京都(きょうと)に来(き)たからには、__________。
  교토에 온 이상 여기는 빼놓을 수 없죠.
- 仙台(せんだい)に来(き)たからには牛(ぎゅう)タンを食(た)べないと！
  센다이에 온 이상 규탄을 먹어야죠!
- 日本(にほん)に来(き)たからには__________ですね。
  일본에 온 이상 후지산을 보고 싶네요.
- ここまで来(き)たからには絶対(ぜったい)にあきらめません。
  여기까지 온 이상 절대로 포기하지 않아요.
- 私(わたし)が来(き)たからには、もう大丈夫(だいじょうぶ)です。
  내가 온 이상 이제 괜찮습니다.

정답
1 ここは外(はず)せません
2 富士山(ふじさん)が見(み)たい

34

기요미즈데라(清水寺)

～では絶対～ない ～에서는 절대 ～않다

- 他(ほか)では絶対(ぜったい)見(み)られない構造(こうぞう)です。
  다른 데서는 절대 볼 수 없는 구조예요.
- こんな星空(ほしぞら)は__________。
  이렇게 별이 뜬 하늘은 도시에서는 절대 못 봐요.
- 今(いま)では絶対(ぜったい)見(み)られない光景(こうけい)ですね。
  지금은 절대 못 보는 광경이네요.
- スキンシップは__________和製英語(わせいえいご)です。
  스킨십은 해외에서는 절대 안 통하는 일본식 영어예요.
- こんなの家(いえ)では絶対(ぜったい)食(た)べられません。
  이런 거 집에서는 절대 못 먹어요.

정답
1 都会(とかい)では絶対(ぜったい)見(み)られません
2 海外(かいがい)では絶対(ぜったい)通(つう)じない

A：道頓堀に来たからには遊覧船に乗りたいです。

B：今からでは時間が足りないかもしれません。

A：空港へ出発するまで１時間残っているのに？

B：２０分コースですし、移動時間まで考えると……

A : 도톤보리에 온 이상 유람선을 타고 싶네요.

B : 지금부터라면 시간이 모자랄지도 몰라요.

A : 공항으로 출발하기까지 1시간 남았는데도?

B : 20분 코스인 데다가 이동시간까지 생각하면……

Key Point

다른 동사도 과거형에 からには를 붙이면 '~한 이상은'이라는 표현을 만들 수 있다. したからには(~한 이상은), 食べたからには(먹은 이상은) 등 다양하게 응용해 보도록 한다.

A：ガッツポーズって何ですか。

B：写真を撮るときに、ほら、こう拳を握って手をあげるポーズ。

A：あ、ヴィクトリー・ポーズ！

B：はい。ヴィクトリーポーズは英語、ガッツポーズは日本語です。

A : 갓츠 포즈가 뭐예요?

B : 사진 찍을 때 왜, 이렇게 주먹 쥐고 손을 올리는 자세.

A : 아, 빅토리 포즈!

B : 예, 빅토리 포즈는 영어, 갓츠 포즈는 일본어죠.

Key Point

일본에는 和製英語라는 것이 있어서 영어처럼 보이지만 알고 보면 일본어인 단어가 많다. ノートパソコン(노트북, laptop)과 フロント(안내, reception) 등이 대표적인 예다.

35 기온 (祇園)

오늘 배울 표현은 ~라고는 생각하지 못했어요

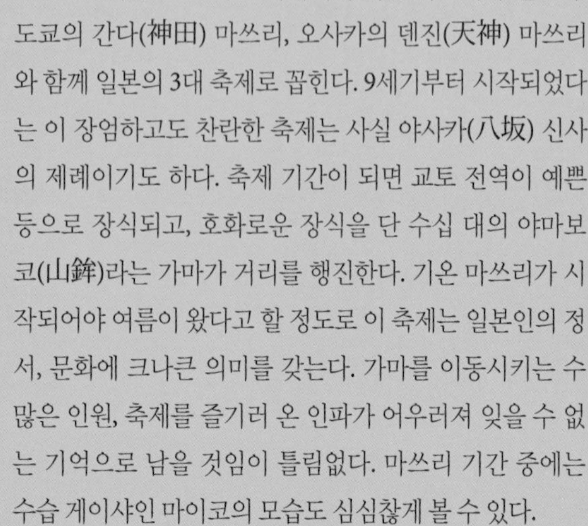

매년 7월에는 교토 기온 거리에서 기온 마쓰리가 열린다. 도쿄의 간다(神田) 마쓰리, 오사카의 덴진(天神) 마쓰리와 함께 일본의 3대 축제로 꼽힌다. 9세기부터 시작되었다는 이 장엄하고도 찬란한 축제는 사실 야사카(八坂) 신사의 제례이기도 하다. 축제 기간이 되면 교토 전역이 예쁜 등으로 장식되고, 호화로운 장식을 단 수십 대의 야마보코(山鉾)라는 가마가 거리를 행진한다. 기온 마쓰리가 시작되어야 여름이 왔다고 할 정도로 이 축제는 일본인의 정서, 문화에 크나큰 의미를 갖는다. 가마를 이동시키는 수많은 인원, 축제를 즐기러 온 인파가 어우러져 잊을 수 없는 기억으로 남을 것임이 틀림없다. 마쓰리 기간 중에는 수습 게이샤인 마이코의 모습도 심심찮게 볼 수 있다.

미리보기

이번 핫플레이스에서는 어떤 대화를 나눌지 살펴볼까요?

참고

1 7月1日 (しちがつ ついたち)
2 31日 (さんじゅういちにち)

1

A：本当(ほんとう)に祇園(ぎおん)祭(まつり)を見(み)られるんですか。

B：ここにいる間(あいだ)は、毎日楽(まいにちたの)しめます。

2

A：正確(せいかく)にはいつからいつまでですか。

B：1 7月1日から 2 31日までです。

3

A：へえ？祭(まつり)が1か月間(いっげつかん)も開(ひら)かれるとは思(おも)いませんでした。

B：長(なが)いでしょ。

1

A：정말 기온 마쓰리를 볼 수 있는 거예요?

B：여기 있는 동안에는 매일 즐길 수 있어요.

2

A：정확히 언제부터 언제까지인가요?

B：7월 1일부터 31일까지예요.

3

A：네? 축제가 한 달 동안이나 열릴 거라고는 생각하지 못했어요.

B：길죠.

준비하기

오늘의 주요 단어입니다.
학습을 시작하기 전에
단어부터 살펴보아요.

- いる 있다
- 毎日(まいにち) 매일
- 正確(せいかく) 정확
- 開(ひら)く 열다
- 長(なが)い 길다
- おもしろい 재미있다

실전여행

핫플레이스에 가면
이 한마디는 꼭 시도해 보아요.
패턴으로 완벽 암기하세요.

～とは思(おも)いませんでした
～라고는 생각하지 못했어요

- 祭(まつり)が1か月間(いっげつかん)も開(ひら)かれるとは思(おも)いませんでした。
  축제가 한 달 동안이나 열릴 거라고는 생각하지 못했어요.
- こんなにおもしろいとは思(おも)いませんでした。
  이렇게 재미있을 거라고는 생각하지 못했어요.
- こんなにきれいだとは思(おも)いませんでした。
  이렇게 아름다울 거라고는 생각하지 못했어요.
- 日本(にほん)で会(あ)えるとは思(おも)いませんでした。
  일본에서 만날 수 있을 거라고는 생각하지 못했어요.
- 本当(ほんとう)にあるとは思(おも)いませんでした。
  정말로 있을 거라고는 생각하지 못했어요.

일지쓰기

핫플레이스에서 대화한 내용을 떠올리며 빈칸을 채워보세요.

1

A：本当(ほんとう)に祇園祭(ぎおんまつり)を見(み)られるんですか。

B：＿＿＿＿＿、毎日楽(まいにちたの)しめます。

A：정말 기온 마쓰리를 볼 수 있는 거예요?
B：여기 있는 동안에는 매일 즐길 수 있어요.

2

A：正確(せいかく)には＿＿＿＿＿ですか。

B：[1]7月1日から[2]31日までです。

A：정확히 언제부터 언제까지인가요?
B：7월 1일부터 31일까지예요.

참고

1 7月1日 (しちがつ ついたち)
2 31日 (さんじゅういちにち)

3

A：へえ？祭(まつり)が1か月間(いっげつかん)も＿＿＿＿＿思(おも)いませんでした。

B：長(なが)いでしょ。

A：네? 축제가 한 달 동안이나 열릴 거라고는 생각하지 못했어요.
B：길죠.

정답

1 ここにいる間(あいだ)は
2 いつからいつまで
3 開(ひら)かれるとは

36 긴카쿠지(金閣寺)

오늘 배울 표현은 **~하러 가다**

미시마 유키오(三島由紀夫)의 소설 '금각사'로도 널리 알려진 긴카쿠지는 1398년에 세워졌다. 금색 건물는 부처님의 진신 사리를 모신 전각인 사리전(舍利殿)이다. 원래 이 일대는 무로마치 막부(室町幕府)의 아시카가 요시미쓰(足利義満)라는 쇼군의 별장이었는데 그의 유언에 따라 사리전을 제외한 건물을 모두 없애고 선종 사찰로 바꾸었다고 한다. 사리전은 3층 건물로 각 층이 각기 다른 건축 양식으로 꾸며졌으며, 2층과 사리를 모신 3층에는 금박이 입혀져 있다. 그 덕에 햇빛이 나는 날 낮의 금각은 눈이 부실 정도로 빛을 발하며, 사리전 주위의 연못에 비친 금각의 자태 또한 최고의 볼거리로 평판이 자자하다.

미리보기

이번 핫플레이스에서는 어떤 대화를 나눌지 살펴볼까요?

1

A：金閣寺は本当に金色ですか。

B：行ってみれば分かります。

2

A：ホントだ！まぶしいほどキラキラ光っています！

B：銀閣寺にも行ってみますか。

3

A：銀閣寺もあるんですか。今すぐ見に行きましょう。

B：でも、実は銀閣寺は銀色ではありません。

1

A：금각사는 정말 금색인가요?

B：가 보면 알아요.

2

A：진짜네! 눈부실 만큼 반짝반짝 빛나고 있어요!

B：은각사에도 가 볼래요?

3

A：은각사도 있어요? 지금 당장 보러 갑시다.

B：그런데 사실 은각사는 은색이 아니에요.

준비하기

오늘의 주요 단어입니다.
학습을 시작하기 전에
단어부터 살펴보아요.

- 金色(きんいろ) 금색
- まぶしい 눈부시다
- ほど 정도
- キラキラ 반짝반짝
- 光(ひか)る 빛나다
- でも 그런데, 하지만
- 実(じつ)は 사실은
- 銀色(ぎんいろ) 은색
- 遊(あそ)ぶ 놀다

실전여행

핫플레이스에 가면
이 한마디는 꼭 시도해 보아요.
패턴으로 완벽 암기하세요.

～に行(い)く ～하러 가다

- 今(いま)すぐ見(み)に行(い)きましょう。
  지금 당장 보러 갑시다.
- 明日(あした)は、レインブーツを買(か)いに行(い)きましょう。
  내일은 레인부츠를 사러 갑시다.
- ちょっと遊(あそ)びに行(い)ってきました。
  잠깐 놀러 갔다 왔어요.
- ビールでも飲(の)みに行(い)きましょう。
  맥주라도 마시러 갑시다.
- 呼(よ)びに行(い)くまで絶対(ぜったい)来(こ)ない人(ひと)もいます。
  부르러 갈 때까지 절대 안 오는 사람도 있어요.

일지쓰기 

핫플레이스에서 대화한 내용을 떠올리며 빈칸을 채워보세요.

1

A：金閣寺は本当に金色ですか。

B：＿＿＿＿＿分かります。

A：금각사는 정말 금색인가요?

B：가 보면 알아요.

2

A：ホントだ！まぶしいほどキラキラ光っています！

B：銀閣寺にも＿＿＿＿＿。

A：진짜네! 눈부실 만큼 반짝반짝 빛나고 있어요!

B：은각사에도 가 볼래요?

3

A：銀閣寺もあるんですか。＿＿＿＿＿見に行きましょう。

B：でも、実は銀閣寺は銀色ではありません。

A：은각사도 있어요? 지금 당장 보러 갑시다.

B：그런데 사실 은각사는 은색이 아니에요.

정답

1 行ってみれば
2 行ってみますか
3 今すぐ

기억하기

다음 빈칸에 들어갈 내용을 떠올리며
앞서 다녀온 핫플레이스를 기억해보세요.

35

기온 마쓰리(祇園祭)

~とは思いませんでした ~라고는 생각하지 못했어요

- 祭が______思いませんでした。
  축제가 한 달 동안이나 열릴 거라고는 생각하지 못했어요.
- こんなに______思いませんでした。
  이렇게 재미있을 거라고는 생각하지 못했어요.
- こんなにきれいだとは思いませんでした。
  이렇게 아름다울 거라고는 생각하지 못했어요.
- 日本で______思いませんでした。
  일본에서 만날 수 있을 거라고는 생각하지 못했어요.
- 本当にあるとは思いませんでした。
  정말로 있을 거라고는 생각하지 못했어요.

정답

1 1か月間も開かれるとは
2 おもしろいとは
3 会えるとは

36

긴카쿠지(金閣寺)

~に行く ~하러 가다

- 今すぐ見に行きましょう。
  지금 당장 보러 갑시다.
- 明日は、レインブーツを買いに行きましょう。
  내일은 레인부츠를 사러 갑시다.
- ちょっと遊びに行ってきました。
  잠깐 놀러 갔다 왔어요.
- ______行きましょう。
  맥주라도 마시러 갑시다.
- ______絶対来ない人もいます。
  부르러 갈 때까지 절대 안 오는 사람도 있어요.

정답

1 ビールでも飲みに
2 呼びに行くまで

A：大阪にまた来れるとは思いませんでした。

B：近いからこれからも遊びに来てください。

A：本当に何度でも来たくなる都市です。

A : 오사카에 또 올 수 있을 거라고는 생각지도 못했어요.

B : 가까우니까 앞으로도 놀러 오세요.

A : 정말 몇 번이라도 오고 싶어지는 도시예요.

Key Point

'~라고는 생각하지 못했어요'라는 의미이므로 우리말로는 가능형을 쓸 것 같지만, 思いませんでした로 충분히 의미를 전달할 수 있다. ～とは思ったこともありません 같은 표현도 쓸 수 있다.

A：一休みした後、食事に行きましょうか。

B：時間が良ければ映画にも行きたいんですけど。

A：私が調べてみます。

B：ハリウッド映画でもなんでも、できれば見に行きましょう。

A : 잠깐 쉰 뒤에 밥 먹으러 갈까요?

B : 시간이 괜찮으면 영화 보러도 가고 싶은데요.

A : 제가 찾아볼게요.

B : 할리우드 영화건 뭐건 가능하면 보러 가요.

Key Point

동사의 ます형에 に行く를 붙이면 '~하러 가다'라는 의미가 되는데 映画, 食事 등의 동작성 명사에 に行く를 붙여도 같은 의미가 된다.

37 아베노하루카스(あべのハルカス) 전망대

오늘 배울 표현은 **~하기는 이번이 처음**

단언컨대 일본에서 가장 아름답고, 가장 오래 머무르고 싶은 전망대는 아베노하루카스의 전망대다. 툭 트인 세 개 층(58~60층)으로 이루어진 이 전망대는 높고 넓은 유리창으로 둘러싸여 있지만 결코 '실내'가 아니며, 하늘과 통한 듯 바람이 자유로이 드나들지만 치밀하게 계산된 '내부 공간'이다. '일본에서 두 번째로 높은 빌딩'이라는 말로는 절대 그 감흥을 전달할 수 없을 터! 편안한 나무 바닥의 하늘 정원(天空庭園)은 그저 높게만 세워 올린 전망대와는 격이 다른 힐링을 선사한다. 긴테쓰(近鉄) 백화점, 전철역과 연결되어 접근성도 좋고, 하루 중 어느 시간대에 방문해도 하늘과 바람에 마음을 송두리째 빼앗길 것이다. 야경? 당연하지 않은가!

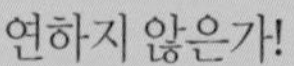

미리보기 

이번 핫플레이스에서는 어떤 대화를 나눌지 살펴볼까요?

1

A：エレベーターの天井の方を見上げてください。

B：わあ、星空を駆け上がるような感じです！

2

A：ここが天空庭園です。

B：言葉にできないほどきれいですね！

3

A：ユニークな設計ですよね。

B：展望台自体に感動したのはこれが初めてです。

1

A：엘리베이터의 천장 쪽을 올려다보세요.

B：와, 별밤을 달려서 오르는 것 같아요.

2

A：여기가 하늘정원이에요.

B：말로 다 못할 만큼 아름답네요.

3

A：독특한 설계죠?

B：전망대 자체에 감동하기는 이번이 처음이에요.

준비하기

오늘의 주요 단어입니다.
학습을 시작하기 전에
단어부터 살펴보아요.

- 天井(てんじょう) 천장
- 見上(みあ)げる 올려보다
- 駆(か)け上(あ)がる 뛰어올라가다
- 自体(じたい) 자체
- 初(はじ)めて 처음
- 納豆(なっとう) 낫토
- 旅館(りょかん) 료칸
- 泊(と)まる 묵다

실전여행

핫플레이스에 가면
이 한마디는 꼭 시도해 보아요.
패턴으로 완벽 암기하세요.

~のはこれが初(はじ)めて ~하기는 이번이 처음

- 展望台自体(てんぼうだいじたい)に感動(かんどう)したのはこれが初(はじ)めてです。
  전망대 자체에 감동하기는 이번이 처음이에요.

- 納豆(なっとう)を食(た)べるのはこれが初(はじ)めてです。
  낫토를 먹기는 이번이 처음이에요.

- 大阪(おおさか)に来(く)るのはこれが初(はじ)めてです。
  오사카에 오기는 이번이 처음이에요.

- 海外(かいがい)でゴルフをするのはこれが初(はじ)めてです。
  해외에서 골프를 치기는 이번이 처음이에요.

- 旅館(りょかん)に泊(と)まるのはこれが初(はじ)めてです。
  료칸에 묵기는 이번이 처음이에요.

일지쓰기 

핫플레이스에서 대화한 내용을 떠올리며 빈칸을 채워보세요.

1

A：エレベーターの＿＿＿＿＿を見上(みあ)げてください。

B：わあ、星空(ほしぞら)を駆(か)け上(あ)がるような感(かん)じです！

A：엘리베이터의 천장 쪽을 올려다보세요.

B：와, 별밤을 달려서 오르는 것 같아요.

2

A：ここが天空庭園(てんくうていえん)です。

B：＿＿＿＿＿きれいですね！

A：여기가 하늘정원이에요.

B：말로 다 못할 만큼 아름답네요.

3

A：ユニークな設計(せっけい)ですよね。

B：展望台自体(てんぼうだいじたい)に＿＿＿＿＿これが初(はじ)めてです。

A：독특한 설계죠?

B：전망대 자체에 감동하기는 이번이 처음이에요.

정답

1 天井(てんじょう)の方(ほう)

2 言葉(ことば)にできないほど

3 感動(かんどう)したのは

38

신세카이(新世界)

오늘 배울 표현은 (시간이 되어가니) 슬슬

오사카 서민의 일상을 만날 수 있는 거리다. '진짜 일본 서민'들이나 드나들 것 같은 음식점들이 너나없이 알록달록한 간판을 잔뜩 붙여놓고 손님을 유혹한다. 휘황찬란한 색상에 화려한 붓글씨체, 온갖 그림과 모형까지 더해진 간판을 보다 보면 어느 집으로 들어가야 할지 혼란스러워지는 즐거운 고민에 빠지게 된다. 절대 실패하지 않을 메뉴는 복어 요리와 구시카쓰(꼬치 튀김). 제대로 된 맛을 즐길 수 있다. 신세카이의 중심에는 쓰텐카쿠(通天閣)라는 전망대가 있다. 일본 최초의 엘리베이터를 설치한 곳이며 '하늘로 통하는 높은 집'이란 뜻이다. 거리 곳곳에 '빌리켄'이라는 괴상한 아이 동상이 설치돼 있는데 발바닥을 긁으면 행운이 온다고 한다.

미리보기

이번 핫플레이스에서는 어떤 대화를 나눌지 살펴볼까요?

1

A：私(わたし)たち、今日(きょう)けっこう歩(ある)きましたよ。

B：こんなに歩(ある)いたのは久(ひさ)しぶりです。

2

A：串(くし)カツもおいしいし、完璧(かんぺき)な一日(いちにち)ですね。

B：とても楽(たの)しい一日(いちにち)でした。

3

A：じゃ、そろそろホテルに帰(かえ)りましょうか。

B：はい、また楽(たの)しい明日(あした)のために！

1

A：우리, 오늘 꽤 걸었어요.

B：이렇게 걸은 건 오랜만이에요.

2

A：구시카쓰도 맛있고, 완벽한 하루네요.

B：정말 즐거운 하루였어요.

3

A：그럼 이제 슬슬 호텔로 돌아갈까요?

B：네, 또 즐거운 내일을 위하여!

준비하기

오늘의 주요 단어입니다.
학습을 시작하기 전에
단어부터 살펴보아요.

- 久しぶり(ひさ) 오랜만
- おいしい 맛있다
- 完璧(かんぺき) 완벽
- そろそろ 슬슬
- 出かける(で) 외출하다, 나가다
- 暗い(くら) 어둡다
- 終わり(お) 끝, 마지막

실전여행

핫플레이스에 가면
이 한마디는 꼭 시도해 보아요.
패턴으로 완벽 암기하세요.

そろそろ (시간이 되어가니) 슬슬

- そろそろホテルに帰(かえ)りましょうか。
  이제 슬슬 호텔로 돌아갈까요?
- そろそろ出(で)かけましょう。
  슬슬 나가죠.
- そろそろ暗(くら)くなってきました。
  슬슬 어두워지네요.
- もうそろそろ十時(じゅうじ)です。
  이제 슬슬 10시예요.
- そろそろ終(お)わりにしましょうか。
  슬슬 마무리할까요?

일지쓰기

핫플레이스에서 대화한 내용을 떠올리며 빈칸을 채워보세요.

1

A：私たち、今日けっこう歩きましたよ。

B：こんなに歩いたのは＿＿＿＿＿です。

A：우리, 오늘 꽤 걸었어요.

B：이렇게 걸은 건 오랜만이에요.

2

A：串カツもおいしいし、＿＿＿＿＿ですね。

B：とても楽しい一日でした。

A：구시카쓰도 맛있고, 완벽한 하루네요.

B：정말 즐거운 하루였어요.

3

A：じゃ、そろそろホテルに帰りましょうか。

B：はい、また楽しい＿＿＿＿＿！

A：그럼 이제 슬슬 호텔로 돌아갈까요?

B：네, 또 즐거운 내일을 위하여!

정답

1 久しぶり
2 完璧な一日
3 明日のために

기억하기

다음 빈칸에 들어갈 내용을 떠올리며
앞서 다녀온 핫플레이스를 기억해보세요.

37

아베노하루카스(あべのハルカス) **전망대**

～のはこれが初めて ～한 것은 이것이 처음

- 展望台自体に感動したのはこれが初めてです。
  전망대 자체에 감동하기는 이번이 처음이에요.
- ＿＿＿＿＿＿これが初めてです。
  낫토를 먹기는 이번이 처음이에요.
- 大阪に来るのはこれが初めてです。
  오사카에 오기는 이번이 처음이에요.
- 海外でゴルフをするのはこれが初めてです。
  해외에서 골프를 치기는 이번이 처음이에요.
- ＿＿＿＿＿＿これが初めてです。
  료칸에 묵기는 이번이 처음이에요.

정답

1 納豆を食べるのは
2 旅館に泊まるのは

38

신세카이(新世界)

そろそろ (시간이 되어가니) 슬슬

- そろそろホテルに帰りましょうか。
  이제 슬슬 호텔로 돌아갈까요?
- そろそろ＿＿＿＿＿＿。
  슬슬 나가죠.
- そろそろ暗くなってきました。
  슬슬 어두워지네요.
- もうそろそろ十時です。
  이제 슬슬 10시예요.
- そろそろ＿＿＿＿＿＿にしましょうか。
  슬슬 마무리할까요?

정답

1 出かけましょう
2 終わり

A：相撲(すもう)を見(み)るのはこれが初(はじ)めてです。

B：感想(かんそう)はどうですか。

A：迫力(はくりょく)があってかっこいいです。

B：同(おな)じ理由(りゆう)で相撲(すもう)ファンになる人(ひと)が多(おお)いです。

A : 스모를 보기는 이번이 처음이에요.

B : 감상이 어때요?

A : 박력 있고 멋있어요.

B : 같은 이유로 스모 팬이 되는 사람이 많아요.

Key Point

동사를 이용해 初めて～ます를 써도 되고, 명사를 이용해 ~のは初めてです를 써도 된다. 같은 의미다.

A：そろそろお開(ひら)きにしましょうか。

B：「オヒラキ」って何(なん)ですか。

A：そろそろ終(お)わりにしましょう、という意味(いみ)です。

B：名残惜(なごりお)しいですが、そうしましょう。

A : 슬슬 '오히라키' 할까요?

B : '오히라키'가 무슨 말이에요?

A : 슬슬 마치고 돌아가자는 뜻이에요.

B : 헤어지기 서운하지만 그러지요.

Key Point

'자리를 마무리할까요?'라는 의미로는 そろそろ終(お)わりにしましょうか, そろそろお開(ひら)きにしましょうか를 쓴다.

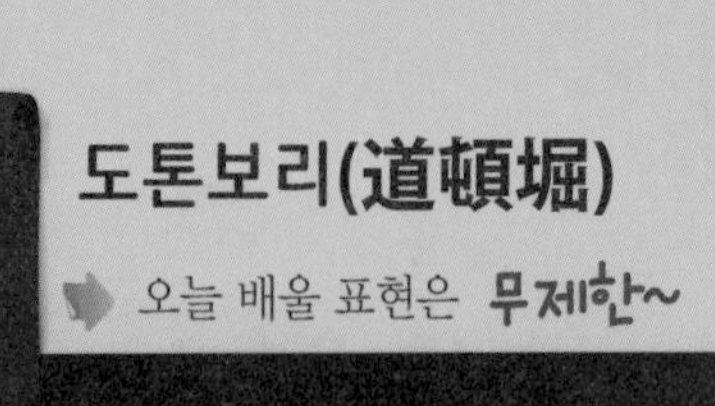

39 도톤보리(道頓堀)

▶ 오늘 배울 표현은 **무제한~**

오사카(大阪)를 상징하는 대표적인 유흥가로 강을 따라 500m가량 이어져 있다. 京の着倒れ、大阪の食い倒れ(교토 사람은 입어서 망하고, 오사카 사람은 먹어서 망한다)라는 속담이 있을 만큼 맛난 음식으로 유명한 지역이다. 덕분에 거리 곳곳에 자리잡은 맛집을 지나다 보면 짧은 여행 기간 동안 무엇을 골라 먹어야 할지 고민이 끊이지 않는다. 다코야키는 오사카가 일본에서 제일 맛있다고 하니 놓치지 말기를. 음식점들은 너나없이 각자의 특색을 살린 대형 입체 간판을 내걸고 있어 볼거리도 충분하다. 안 가본 사람도 다 안다는 글리코(Glico) 사의 마라토너 네온사인은 도톤보리 입구에서 확인할 수 있다. 야경 사진이 훨씬 잘 나온다는 사실도 알아두자.

미리보기

이번 핫플레이스에서는 어떤 대화를 나눌지 살펴볼까요?

1

A：カニ料理(りょうり)を食(た)べたいんですけど、高(たか)いですか。

B：食(た)べ放題(ほうだい)のお店(みせ)もあります。心配(しんぱい)しないでください。

2

A：「タベホウダイ」って何(なん)ですか。

B：一定料金(いっていりょうきん)で好(す)きなだけ食(た)べられることです。

3

A：わあ、それいいじゃないですか。

B：行(い)きましょうか。

1

A：게 요리를 먹고 싶은데, 비싼가요?

B：다베호다이 가게도 있어요. 걱정 마세요.

2

A：다베호다이가 뭔데요?

B：일정 요금으로 먹고 싶은 만큼 먹을 수 있는 거예요.

3

A：와, 그거 좋네요.

B：갈까요?

준비하기

오늘의 주요 단어입니다.
학습을 시작하기 전에
단어부터 살펴보아요.

- カニ 게
- かける 걸다
- 一定(いってい) 일정
- 漫画(まんが) 만화
- サワー 소주 등에 주스를 섞은 칵테일

실전여행

핫플레이스에 가면
이 한마디는 꼭 시도해 보아요.
패턴으로 완벽 암기하세요.

～放題(ほうだい) 무제한～

- 食(た)べ放題(ほうだい)のお店(みせ)もあります。
  무제한으로 먹을 수 있는 가게도 있어요.
- サワー飲(の)み放題(ほうだい)のお店(みせ)はありませんか。
  사와를 무제한으로 마실 수 있는 가게는 없나요?
- １時間千円(いちじかんせんえん)で遊(あそ)び放題(ほうだい)のゲームセンターですって。
  1시간 천 엔에 무제한으로 노는 게임센터래요.
- 5分以内(ごふんいない)の国内通話(こくないつうわ)はかけ放題(ほうだい)のプランです。
  5분 이내 국내 통화는 무제한으로 걸 수 있는 서비스입니다.
- 漫画読(まんがよ)み放題(ほうだい)のサイトもありますか。
  만화를 무제한으로 볼 수 있는 사이트도 있어요?

일지쓰기

핫플레이스에서 대화한 내용을 떠올리며 빈칸을 채워보세요.

1

A：カニ料理を食べたいんですけど、高いですか。

B：食べ放題のお店もあります。

＿＿＿＿＿＿。

A：게 요리를 먹고 싶은데, 비싼가요?

B：다베호다이 가게도 있어요. 걱정 마세요.

2

A：「タベホウダイ」って何ですか。

B：一定料金で＿＿＿＿＿食べられることです。

A：다베호다이가 뭔데요?

B：일정 요금으로 먹고 싶은 만큼 먹을 수 있는 거예요.

3

A：わあ、それいいじゃないですか。

B：＿＿＿＿＿＿。

A：와, 그거 좋네요.

B：갈까요?

정답

1 心配しないでください
2 好きなだけ
3 行きましょうか

40

유니버셜 스튜디오 재팬(USJ)

오늘 배울 표현은 **~해서 굉장하다, ~하고 멋지다**

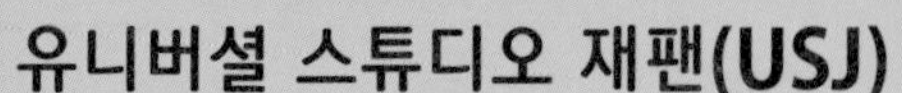

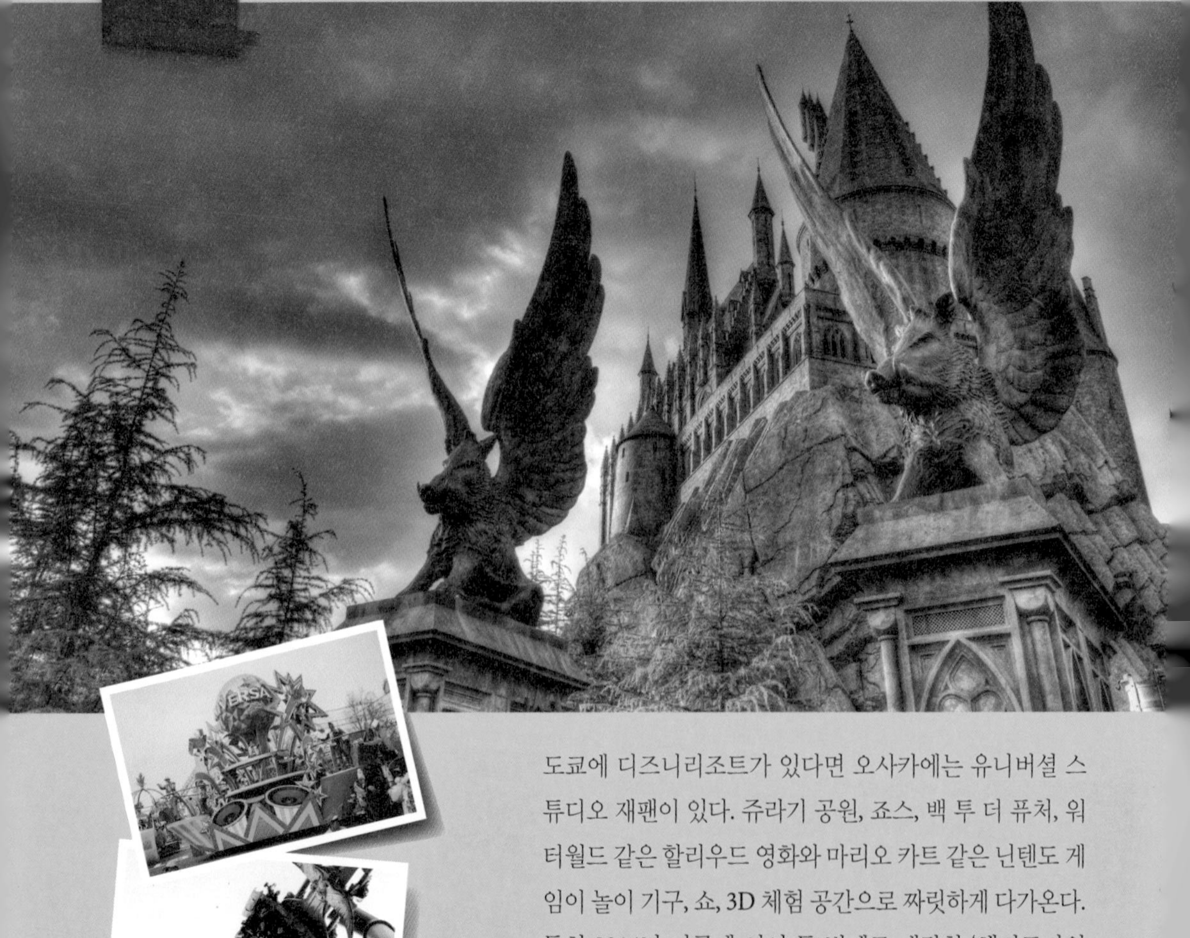

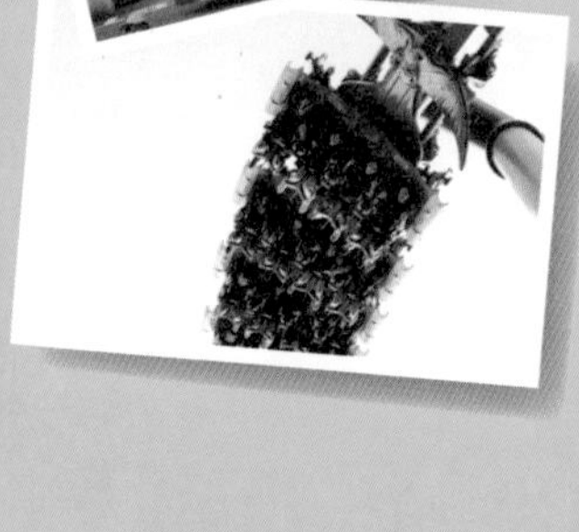

도쿄에 디즈니리조트가 있다면 오사카에는 유니버셜 스튜디오 재팬이 있다. 쥬라기 공원, 죠스, 백 투 더 퓨처, 워터월드 같은 할리우드 영화와 마리오 카트 같은 닌텐도 게임이 놀이 기구, 쇼, 3D 체험 공간으로 짜릿하게 다가온다. 특히 2014년 미국에 이어 두 번째로 개장한 '해리포터의 마법세계 존'은 신비로운 호그와트 세상을 방문객의 눈앞에 펼쳐 보인다. 끝없이 이어질 것 같은 환상에 넋을 잃다가도 현실적 즐거움을 맛볼 수 있는 곳이 있으니 바로 기념품 숍과 식당들. 지갑이 얇아지는데도 자꾸 기분이 좋아지는 드문 경험이 가능하다. 한 번 들어가면 나오기 싫은 곳, 돌아와서도 자꾸만 생각나는 곳. 바로 USJ다.

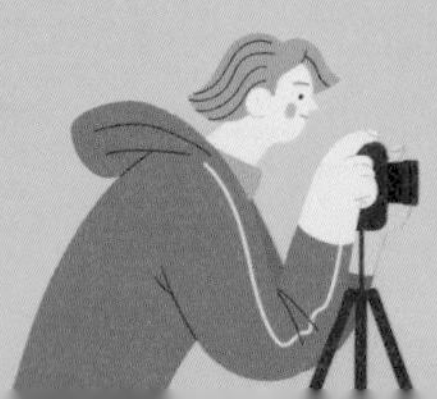

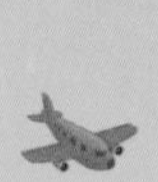

미리보기

이번 핫플레이스에서는
어떤 대화를 나눌지
살펴볼까요?

1

A：どうですか。

B：何(なに)もかもが楽(たの)しくて素敵(すてき)です！

2

A：ハリーポッター・エリアに来(き)たから、バタービールを飲(の)みましょう。

B：そうしましょう。ハリーとロンみたいに仲良(なかよ)く乾杯(かんぱい)！

3

A：せっかくですし、他(ほか)では買(か)えないグッズをたくさん買(か)います！

B：私(わたし)も買(か)います！

1

A：어때요?

B：모든 게 재미있고 근사해요!

2

A：해리포터 존에 왔으니 버터 맥주를 마십시다.

B：그래요. 해리와 론처럼 사이좋게 건배!

3

A：모처럼 왔으니 딴 데서는 살 수 없는 상품을 잔뜩 살 거예요!

B：저도 사겠습니다!

준비하기

오늘의 주요 단어입니다.
학습을 시작하기 전에
단어부터 살펴보아요.

- 仲良(なかよ)く 사이좋게
- せっかく 모처럼
- 売(う)る 팔다
- グッズ 상품
- 落(お)ち着(つ)く 안정되다
- 重(おも)み 무게감
- 温(あたた)かい 따뜻하다

실전여행

핫플레이스에 가면
이 한마디는 꼭 시도해 보아요.
패턴으로 완벽 암기하세요.

～て素敵(すてき) ～해서 근사하다, ～하고 멋지다

- 何(なに)もかもが楽(たの)しくて素敵(すてき)です！
  모든 게 재미있고 근사해요!
- ドラマチックで素敵(すてき)ですね。
  드라마틱해서 멋져요.
- 落(お)ち着(つ)いた雰囲気(ふんいき)で素敵(すてき)ですね。
  차분한 분위기라 멋지네요.
- 古(ふる)い建物(たてもの)って重(おも)みがあって素敵(すてき)ですね。
  오래된 건물은 무게감이 있어 근사하네요.
- 温(あたた)かい雰囲気(ふんいき)があって素敵(すてき)ですね。
  따뜻한 분위기가 있어서 근사하네요.

일지쓰기

핫플레이스에서 대화한 내용을 떠올리며 빈칸을 채워보세요.

1

A：どうですか。

B：何(なに)もかもが＿＿＿＿＿素敵(すてき)です！

A：어때요?

B：모든 게 재미있고 근사해요!

2

A：ハリーポッター・エリアに来(き)たから、バタービールを飲(の)みましょう。

B：そうしましょう。ハリーとロンみたいに＿＿＿＿＿！

A：해리포터 존에 왔으니 버터 맥주를 마십시다.

B：그래요. 해리와 론처럼 사이좋게 건배!

3

A：せっかくですし、＿＿＿＿＿グッズをたくさん買(か)います！

B：私(わたし)も買(か)います！

A：모처럼 왔으니 딴 데서는 살 수 없는 상품을 잔뜩 살 거예요!

B：저도 사겠습니다!

정답

1 楽(たの)しくて
2 仲良(なかよ)く乾杯(かんぱい)
3 他(ほか)では買(か)えない

기억하기

다음 빈칸에 들어갈 내용을 떠올리며
앞서 다녀온 핫플레이스를 기억해보세요.

39

도톤보리(道頓堀)

～放題 무제한～

- 食べ放題のお店もあります。
  무제한으로 먹을 수 있는 가게도 있어요.
- サワー＿＿＿＿＿のお店はありませんか。
  사와를 무제한으로 마실 수 있는 가게는 없나요?
- 1時間千円で＿＿＿＿＿のゲームセンターですって。
  1시간 천 엔에 무제한으로 노는 게임센터래요.
- 5分以内の国内通話はかけ放題のプランです。
  5분 이내 국내 통화는 무제한으로 걸 수 있는 서비스입니다.
- 漫画読み放題のサイトもありますか。
  만화를 무제한으로 볼 수 있는 사이트도 있어요?

정답

① 飲み放題
② 遊び放題

40

유니버셜 스튜디오 재팬(USJ)

～て素敵 ～해서 근사하다, ～하고 멋지다

- 何もかもが楽しくて素敵です！
  모든 게 재미있고 근사해요!
- ドラマチックで素敵ですね。
  드라마틱해서 멋져요.
- ＿＿＿＿＿素敵ですね。
  차분한 분위기라 멋지네요.
- 古い建物って重みがあって素敵ですね。
  오래된 건물은 무게감이 있어 근사하네요.
- ＿＿＿＿＿素敵ですね。
  따뜻한 분위기가 있어서 근사하네요.

정답

① 落ち着いた雰囲気で
② 温かい雰囲気があって

A：食(た)べ放題(ほうだい)は本当(ほんとう)に好(す)きなだけ食(た)べられるんですか。

B：そうです。でも、時間(じかん)の制限(せいげん)があります。

A：やっぱり！じゃあ、はやく食(た)べましょう。

B：そして、残(のこ)すと別途(べっと)料金(りょうきん)が付(つ)きます。

A : 다베호다이는 정말로 먹고 싶은 만큼 먹을 수 있는 거예요?
B : 그럼요. 그런데 시간제한이 있어요.
A : 역시! 그럼 어서 먹읍시다.
B : 그리고 남기면 별도 요금이 붙어요.

Key Point

～放題(ほうだい)라고 내세운 가게는 대부분 시간제한이 붙어있다. 따라서 무제한이 아니라 일정 금액을 낸 뒤 그 가게가 제공하는 모든 서비스를 일정 시간 동안 마음껏 이용할 수 있다고 보면 된다.

A：今日(きょう)はどうでしたか。

B：海(うみ)が見(み)えて眺(なが)めがとても素敵(すてき)でした。

A：あそこ、夕焼(ゆうや)け空(ぞら)がきれいで有名(ゆうめい)なんです。

B：いいところを教(おし)えてくれてありがとうございました。

A : 오늘 어땠어요?
B : 바다가 보여서 경치가 무척 멋졌어요.
A : 거기, 노을 진 하늘이 예뻐서 유명해요.
B : 좋은 곳을 알려 주어 고마웠어요.

Key Point

'~해서 멋있다', '~라서 멋있다'라는 표현을 하려면 '동사나 형용사의 て형+素敵(すてき)', '명사+で+素敵'를 쓴다.

핫플레이스 일본 여행
주고쿠&규슈&오키나와

주고쿠&규슈&오키나와
(中国&九州&沖縄)
41 돗토리 사구
43 이쓰쿠시마 신사
46 캐널시티 하카타
42 히로시마 평화공원
44 벳푸
47 나가사키
45 유후인
48 이부스키 온천
49 오키나와 추라우미 수족관
50 이시가키섬
MP3

41 돗토리 사구(鳥取砂丘)

오늘 배울 표현은 **요컨대, 그러니까 다시 말해**

돗토리 사구는 돗토리현(鳥取県) 돗토리시(鳥取市)의 해안가에 펼쳐진 해안 사구로 규모가 남북 2.4km, 동서 16km에 이른다. 보통 사구라 하면 뜨거운 사막을 떠올리지만, 돗토리 사구는 겨울이 되면 눈으로 뒤덮이는 장관을 볼 수 있다. 또 사구에 내린 비는 지하수를 형성한 뒤 늦가을에서 초봄 사이에 지상으로 솟아올라 '오아시스'라 불리는 연못을 이룬다. 바람결을 따라 모래 위에 나타나는 물결 모양의 무늬는 자연의 오묘한 이치를 느끼기에 부족함이 없다. 일본의 천연기념물, 지질 백선에 선정된 곳이라 한 줌의 모래도 가지고 나올 수 없고, 모래 위에 낙서만 해도 과태료가 부과되는 등 국가 차원에서 철저히 보호되는 자연 자산이다.

미리보기 

이번 핫플레이스에서는 어떤 대화를 나눌지 살펴볼까요?

1

A：ここは砂漠(さばく)ですか。

B：砂漠(さばく)じゃなくて砂丘(さきゅう)です。

2

A：違(ちが)いますか。

B：砂丘(さきゅう)は風(かぜ)に運(はこ)ばれた砂(すな)です。

3

B：ここは国(くに)が徹底的(てっていてき)に保護(ほご)しています。

A：つまり、注意事項(ちゅういじこう)を守(まも)らなければならないってことですね。

1

A：여기는 사막인가요?

B：사막이 아니라 사구예요.

2

A：다릅니까?

B：사구는 바람이 운반한 모래예요.

3

B：이곳은 국가가 철저하게 보호하고 있어요.

A：요컨대, 주의 사항을 꼭 지켜야 한다는 거네요.

준비하기

오늘의 주요 단어입니다. 학습을 시작하기 전에 단어부터 살펴보아요.

- 砂漠(さばく) 사막
- 砂丘(さきゅう) 사구
- 風(かぜ) 바람
- 運(はこ)ぶ 운반하다
- 砂(すな) 모래
- 徹底(てってい) 철저
- 保護(ほご) 보호

실전여행

핫플레이스에 가면 이 한마디는 꼭 시도해 보아요. 패턴으로 완벽 암기하세요.

つまり 요컨대, 그러니까 다시 말해

- つまり、注意事項(ちゅういじこう)を守(まも)らなければならないってことですね。
  요컨대, 주의 사항을 꼭 지켜야 한다는 거네요.
- つまり、無料(むりょう)ってことですか。
  그러니까, 무료라는 말인가요?
- つまり、どういうことでしょうか。
  그러니까, 무슨 말이죠?
- つまり、よくないということですね。
  요컨대, 좋지 않다는 거네요.
- つまり、今日(きょう)は行(い)けなくなったってことですか。
  요컨대, 오늘은 못 가게 되었다는 건가요?

일지쓰기

핫플레이스에서 대화한 내용을 떠올리며 빈칸을 채워보세요.

1

A：ここは砂漠(さばく)ですか。

B：砂漠(さばく)＿＿＿＿＿砂丘(さきゅう)です。

A：여기는 사막인가요?

B：사막이 아니라 사구예요.

2

A：＿＿＿＿＿。

B：砂丘(さきゅう)は風(かぜ)に運(はこ)ばれた砂(すな)です。

A：다릅니까?

B：사구는 바람이 운반한 모래예요.

3

B：ここは国(くに)が徹底的(てっていてき)に保護(ほご)しています。

A：つまり、注意事項(ちゅういじこう)を＿＿＿＿＿ってことですね。

B：이곳은 국가가 철저하게 보호하고 있어요.

A：요컨대, 주의 사항을 꼭 지켜야 한다는 거네요.

정답

1 じゃなくて
2 違(ちが)いますか
3 守(まも)らなければならない

42

히로시마(広島) 평화기념공원

오늘 배울 표현은 **~지도 모른다**

히로시마시(広島市)에 있는 평화기념공원은 '원폭 돔'으로 잘 알려진 곳이다. 원폭 돔은 히로시마에 원자 폭탄이 떨어졌을 때 기적적으로 온전히 남은 건물이다. 지금까지도 돔 지붕의 뼈대와 벽면 일부가 원형 그대로 남아있어 외국 관광객은 물론 수학여행 온 일본 학생들로 북적인다. 이 공원에서는 매년 8월 6일 원폭 투하로 사망한 사람들의 넋을 기리고 평화를 기원하기 위한 히로시마 평화기념식이 열리는데, 이를 통해 유족들은 전 세계를 향해 평화를 호소한다. 공원 내에 한국인 희생자 위령비도 있으니 참배할 수 있다. 히로시마 일대는 굴 양식장과 히로시마식 오코노미야키가 유명해 맛집도 많은 편이니 먹거리도 즐길 수 있다.

미리보기

이번 핫플레이스에서는 어떤 대화를 나눌지 살펴볼까요?

1

A：原爆(げんばく)ドームは明(あか)るい観光地(かんこうち)ではありません。

B：戦争(せんそう)の傷跡(きずあと)ですからね。

2

A：戦争(せんそう)は避(さ)けたいものです。

B：戦争(せんそう)は避(さ)けられます！

3

A：ここに教訓(きょうくん)がありますからね。

B：そういう意味(いみ)では明(あか)るい観光地(かんこうち)と言(い)えるかもしれません。

1

A：원폭 돔은 밝은 관광지는 아니에요.

B：전쟁의 상처니까요.

2

A：전쟁은 피하고 싶은 거예요.

B：전쟁은 피할 수 있어요!

3

A：여기에 교훈이 있으니까요.

B：그런 의미에서는 밝은 관광지라고 할 수 있을지도 몰라요.

준비하기

오늘의 주요 단어입니다.
학습을 시작하기 전에
단어부터 살펴보아요.

- 明(あか)るい 밝다
- 傷跡(きずあと) 상처
- 避(さ)ける 피하다
- 雨(あめ) 비
- 降(ふ)る 내리다
- 今夜(こんや) 오늘 밤
- 雪(ゆき) 눈
- 遅(おそ)い 늦다
- 気(き)のせい 기분 탓

실전여행

핫플레이스에 가면
이 한마디는 꼭 시도해 보아요.
패턴으로 완벽 암기하세요.

~かもしれない ~지도 모른다

- 明(あか)るい観光地(かんこうち)と言(い)えるかもしれません。
  밝은 관광지라고 할 수 있을지도 몰라요.
- 午後(ごご)から雨(あめ)が降(ふ)るかもしれません。
  오후부터 비가 올지도 몰라요.
- 今夜(こんや)は雪(ゆき)が降(ふ)るかもしれません。
  오늘밤은 눈이 올지도 몰라요.
- 到着(とうちゃく)が遅(おそ)くなるかもしれません。
  도착이 늦어질지도 몰라요.
- 私(わたし)の気(き)のせいかもしれません。
  제 기분 탓인지도 몰라요.

일지쓰기

➡ 핫플레이스에서 대화한 내용을 떠올리며 빈칸을 채워보세요.

1

A：原爆(げんばく)ドームは明(あか)るい観光地(かんこうち)
＿＿＿＿＿＿＿。

B：戦争(せんそう)の傷跡(きずあと)ですからね。

A：원폭 돔은 밝은 관광지는 아니에요.

B：전쟁의 상처니까요.

2

A：戦争(せんそう)は避(さ)けたいものです。

B：戦争(せんそう)は＿＿＿＿＿＿！

A：전쟁은 피하고 싶은 거예요.

B：전쟁은 피할 수 있어요!

3

A：ここに教訓(きょうくん)がありますからね。

B：そういう意味(いみ)では明(あか)るい観光地(かんこうち)と
＿＿＿＿＿＿＿。

A：여기에 교훈이 있으니까요.

B：그런 의미에서는 밝은 관광지라고 할 수 있을지도 몰라요.

정답

1 ではありません
2 避(さ)けられます
3 言(い)えるかもしれません

다음 빈칸에 들어갈 내용을 떠올리며
앞서 다녀온 핫플레이스를 기억해보세요.

41

돗토리 사구(鳥取砂丘)

つまり 요컨대, 그러니까 다시 말해

- つまり、注意事項を守らなければならないってことですね。요컨대, 주의 사항을 꼭 지켜야 한다는 거네요.
- つまり、__________。
  그러니까, 무료라는 말인가요?
- つまり、__________。
  그러니까, 무슨 말이죠?
- つまり、よくないということですね。
  요컨대, 좋지 않다는 거네요.
- つまり、今日は行けなくなったってことですか。
  요컨대, 오늘은 못 가게 되었다는 건가요?

정답

1 無料ってことですか
2 どういうことでしょうか

42

히로시마(広島) **평화기념공원**

～かもしれない ～지도 모른다

- 明るい観光地と言えるかもしれません。
  밝은 관광지라고 할 수 있을지도 몰라요.
- 午後から__________しれません。
  오후부터 비가 올지도 몰라요.
- 今夜は雪が降るかもしれません。
  오늘 밤은 눈이 올지도 몰라요.
- 到着が__________しれません。
  도착이 늦어질지도 몰라요.
- 私の気のせいかもしれません。
  제 기분 탓인지도 몰라요.

정답

1 雨が降るかも
2 遅くなるかも

A：鳥取砂丘(とっとりさきゅう)では砂(すな)の上(うえ)に落書(らくが)きもしちゃだめです。

B：厳(きび)しいですね。

A：その他(ほか)にもいろいろ禁止事項(きんしじこう)があります。

B：つまり、自然(しぜん)をきれいに守(まも)りましょうってことですね。

A : 돗토리 사구에서는 모래 위에 낙서도 하면 안 돼요.

B : 엄격하네요.

A : 그 외에도 이것저것 금지 사항이 있어요.

B : 그러니까, 자연을 깨끗하게 지키자는 거네요.

Key Point

つまり는 앞 문장에 나온 내용을 다시 되짚으며 다른 표현으로 바꾸어 이야기할 때 쓰는 말이다. 要(よう)するに, 言(い)い換(か)えれば 등으로 바꾸어 쓸 수도 있다.

A：クレジットカードを忘(わす)れないでください。

B：現金(げんきん)あるから金庫(きんこ)に入(い)れておこうかと思(おも)いましたけど。

A：でも、お金(かね)が足(た)りなくなるかもしれません。

B：そうか。じゃあ、持(も)っていきましょう。

A : 신용카드 잊지 마세요.

B : 현금 있으니까 금고에 넣어두려고 했는데요.

A : 그래도 돈이 모자랄 수도 있어요.

B : 그런가? 그럼 가지고 갑시다.

Key Point

'~일지도 모른다'라는 의미의 ~かもしれない를 ~かもしらない로 오용하는 경우가 적지 않다. しらない로 쓰지 않도록 주의한다.

43 이쓰쿠시마 신사(厳島神社)

오늘 배울 표현은 ~을 가지고 돌아갈 수 있다

히로시마현 남서부의 미야지마(宮島) 섬에 있는 이쓰쿠시마 신사는 '바다 위에 떠 있는 신사'로 유명하다. 그런데 사실은 만조 시에만 그렇게 보일 뿐 바닷물이 빠지면 걸어서 외부로 오갈 수도 있다. 국보로도 지정된 이 신사 건물의 대부분은 12세기에 만들어졌다. 산과 바다 사이에 길게 들어선 붉은 건물은 길이가 동서 300m에 이르고 히로시마 쪽에서 보면 새가 날개를 편 모습이다. 섬에 대한 고대인의 경외심이 얼마나 컸는지를 여실히 보여주는 이 신사는 아름답기도 하거니와 규모마저 웅장해 일본 삼경(三景)으로 꼽히는 이유를 누구라도 가히 짐작할 수 있다. 단풍이 아름답기로 유명한 히로시마인 만큼 가을에는 절정의 풍광을 만날 수 있다.

미리보기

이번 핫플레이스에서는 어떤 대화를 나눌지 살펴볼까요?

1

A：船(ふね)から見(み)る大鳥居(おおとりい)はきれいですね。

B：正面(しょうめん)に見(み)えるここがフォトスポットです。

2

A：そうですか。写真(しゃしん)、写真(しゃしん)！

B：神社(じんじゃ)もバックに入(い)れて撮(と)ってください。

3

A：これでいい写真(しゃしん)を持(も)って帰(かえ)れますね。

B：いい思(おも)い出(で)も持(も)って帰(かえ)ってください。

1

A：배에서 보는 오도리이는 아름답네요.

B：정면으로 보이는 여기가 포토 스폿이에요.

2

A：그래요? 사진, 사진!

B：신사도 배경에 넣어서 찍으세요.

3

A：이걸로 좋은 사진을 가지고 돌아갈 수 있겠네요.

B：좋은 추억도 가지고 돌아가세요.

준비하기

오늘의 주요 단어입니다.
학습을 시작하기 전에
단어부터 살펴보아요.

- 正面(しょうめん) 정면
- 思い出(おもいで) 추억
- フォトスポット 포토 스폿
- バック 배경
- 入(い)れる 넣다

실전여행

핫플레이스에 가면
이 한마디는 꼭 시도해 보아요.
패턴으로 완벽 암기하세요.

~を持(も)って帰(かえ)れる
~을 가지고 돌아갈 수 있다

- これでいい写真(しゃしん)を持(も)って帰(かえ)れますね。
  이걸로 좋은 사진을 가지고 돌아갈 수 있겠네요.
- いい思(おも)い出(で)を持(も)って帰(かえ)れますね。
  좋은 추억을 가지고 돌아갈 수 있겠네요.
- 楽(たの)しい思(おも)い出(で)を持(も)って帰(かえ)れますね。
  즐거운 추억을 가지고 돌아갈 수 있겠네요.
- いいお土産(みやげ)を持(も)って帰(かえ)れますね。
  좋은 선물을 가지고 돌아갈 수 있겠네요.
- 素敵(すてき)なお土産(みやげ)を持(も)って帰(かえ)れますね。
  근사한 선물을 가지고 돌아갈 수 있겠네요.

일지쓰기 

핫플레이스에서 대화한 내용을 떠올리며 빈칸을 채워보세요.

1

A：船から見る大鳥居はきれいですね。

B：＿＿＿＿＿ここがフォトスポットです。

A：배에서 보는 오도리이는 아름답네요.

B：정면으로 보이는 여기가 포토 스폿이에요.

2

A：そうですか。写真、写真！

B：神社もバックに＿＿＿＿＿ください。

A：그래요? 사진, 사진!

B：신사도 배경에 넣어서 찍으세요.

3

A：これでいい写真を持って帰れますね。

B：いい＿＿＿＿＿も持って帰ってください。

A：이걸로 좋은 사진을 가지고 돌아갈 수 있겠네요.

B：좋은 추억도 가지고 돌아가세요.

정답

1 正面に見える
2 入れて撮って
3 思い出

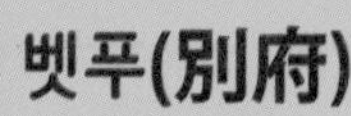

44 벳푸(別府)

오늘 배울 표현은 어느 쪽

벳푸는 오이타현(大分県) 바닷가에 있는 온천 도시다. 땅을 파지 않아도 온천이 솟다 보니 시내 곳곳에서 사시사철 온천 수증기가 끓어오른다. 원천의 숫자가 일본 전체의 10분의 1이나 되고 용출 수량도 최고인 만큼 온천은 관광뿐 아니라 지열 발전, 의료, 화훼 재배, 양식업, 미용에 이르기까지 폭넓게 이용된다. 지옥 온천은 국가 명승지인 만큼 순례 코스가 유명하다. 온천 수증기가 분출될 때 만들어지는 유황 결정을 꽃에 비유한 유노하나(湯の花, 유황꽃)를 재배하는 곳도 관광지로 인기가 많은데 유노하나를 입욕제로 쓰면 벳푸의 온천수에 목욕하는 것과 같은 효과를 얻는다고 하기 때문이다. 곳곳에 무료로 개방된 족욕(足湯)도 빼놓지 말고 즐기자.

미리보기

이번 핫플레이스에서는 어떤 대화를 나눌지 살펴볼까요?

1

A：この海地獄(うみじごく)は地獄(じごく)の中(なか)で一番大(いちばんおお)きいです。

B：地獄(じごく)って言葉(ことば)が似合(にあ)わないほどきれいです。

2

A：温泉(おんせん)の色(いろ)は温度(おんど)によって変(か)わります。

B：不思議(ふしぎ)ですね。

3

A：地獄(じごく)めぐりはどうでしたか。

B：どっちも見応(みごた)えがありました。

1

A：이 바다 지옥은 지옥 중에서 가장 큽니다.

B：지옥이라는 말이 안 어울릴 정도로 예뻐요.

2

A：온천 색은 온도에 따라 변해요.

B：신기하네요.

3

A：지옥순례는 어땠습니까?

B：어느 쪽도 볼 만한 가치가 있었어요.

준비하기

오늘의 주요 단어입니다.
학습을 시작하기 전에
단어부터 살펴보아요.

- 地獄(じごく) 지옥
- 似合う(にあう) 어울리다
- 変わる(かわる) 변하다
- 不思議(ふしぎ) 신기함
- めぐり 한 바퀴 돎
- 見応え(みごたえ) 볼 만한 가치
- 醤油(しょうゆ) 간장
- 味噌(みそ) 된장
- 春(はる) 봄
- 秋(あき) 가을
- 赤(あか) 빨간색
- 白(しろ) 흰색

실전여행

핫플레이스에 가면
이 한마디는 꼭 시도해 보아요.
패턴으로 완벽 암기하세요.

どっち 어느 쪽

- どっちも見応え(みごたえ)がありました。
  어느 쪽도 볼 만한 가치가 있었어요.
- どっちが速(はや)いですか。
  어느 쪽이 빠른 가요?
- ラーメンは醤油(しょうゆ)と味噌(みそ)、どっちがおいしいですか。
  라멘은 쇼유와 미소, 어느 쪽이 맛있어요?
- 春(はる)と秋(あき)、どっちがきれいですか。
  봄과 가을, 어느 쪽이 예쁘나요?
- 赤(あか)と白(しろ)、どっちが似合(にあ)いますか。
  빨간색과 흰색, 어느 쪽이 어울려요?

일지쓰기

핫플레이스에서 대화한 내용을
떠올리며 빈칸을 채워보세요.

1

A：この海地獄は地獄の中で一番大きいです。

B：地獄って言葉が＿＿＿＿＿ほどきれいです。

A：이 바다 지옥은 지옥 중에서 가장 큽니다.

B：지옥이라는 말이 안 어울릴 정도로 예뻐요.

2

A：温泉の色は＿＿＿＿＿変わります。

B：不思議ですね。

A：온천 색은 온도에 따라 변해요.

B：신기하네요.

3

A：地獄めぐりはどうでしたか。

B：＿＿＿＿＿見応えがありました。

A：지옥순례는 어땠습니까?

B：어느 쪽도 볼 만한 가치가 있었어요.

정답

1 似合わない
2 温度によって
3 どっちも

기억하기

다음 빈칸에 들어갈 내용을 떠올리며
앞서 다녀온 핫플레이스를 기억해보세요.

43

이쓰쿠시마 신사(厳島神社)

~を持って帰れる ~을 가지고 돌아갈 수 있다

- これでいい写真(しゃしん)を持(も)って帰(かえ)れますね。
  이걸로 좋은 사진을 가지고 돌아갈 수 있겠네요.
- __________帰(かえ)れますね。
  좋은 추억을 가지고 돌아갈 수 있겠네요.
- 楽(たの)しい思(おも)い出(で)を持(も)って帰(かえ)れますね。
  즐거운 추억을 가지고 돌아갈 수 있겠네요.
- いいお土産(みやげ)を持(も)って帰(かえ)れますね。
  좋은 선물을 가지고 돌아갈 수 있겠네요.
- __________を持(も)って帰(かえ)れますね。
  근사한 선물을 가지고 돌아갈 수 있겠네요.

정답

1 いい思(おも)い出(で)を持(も)って
2 素敵(すてき)なお土産(みやげ)

44

벳푸(別府)

どっち 어느 쪽

- __________見応(みごた)えがありました。
  어느 쪽도 볼 만한 가치가 있었어요.
- どっちが速(はや)いですか。
  어느 쪽이 빠른 가요?
- ラーメンは 醤油(しょうゆ)と味噌(みそ)、どっちがおいしいですか。
  라멘은 쇼유와 미소, 어느 쪽이 맛있어요?
- 春(はる)と秋(あき)、__________きれいですか。
  봄과 가을, 어느 쪽이 예쁘나요?
- 赤(あか)と白(しろ)、どっちが__________。
  빨간색과 흰색, 어느 쪽이 어울려요?

정답

1 どっちも
2 どっちが
3 似合(にあ)いますか

A：今回は丁寧に案内してくれてありがとうございました。

B：当たり前のことです。

A：おかげでいい思い出を持って帰ることができました。

B：また遊びに来てください。

A : 이번에는 정성스레 안내해 줘서 고마웠습니다.

B : 당연한 일이죠.

A : 덕분에 좋은 추억을 가지고 돌아갈 수 있게 되었습니다.

B : 또 놀러 오세요.

Key Point

감사의 인사말을 할 때는 おかげで, おかげさまで 같은 표현을 통해 '덕분에'라고 상대방의 공을 부각하는 표현을 덧붙일 수 있다.

A：寿司はお箸と手、どっちを使って食べますか。

B：どっちでもいいですよ。

A：とにかくご飯にお醤油をつけて食べますね。

B：違います。お醤油はネタにつけます。

A : 초밥은 젓가락과 손, 어느 쪽을 써서 먹나요?

B : 어느 쪽이건 상관없어요.

A : 어쨌든 밥에 간장을 찍어 먹네요.

B : 아니죠. 간장은 밥에 올린 재료에 찍어요.

Key Point

お箸, ご飯, お醤油의 お와 ご는 접두어로서 단어를 더 아름답게 만든다. 따라서 접두어 없이도 쓸 수 있으나 ご飯처럼 거의 모든 사람이 접두어를 붙여 쓰는 경우도 있다.

45 유후인(由布院)

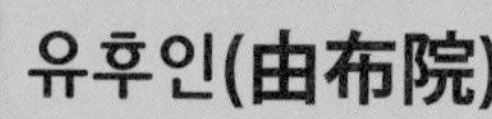

오늘 배울 표현은 ~하면 ~할수록

유후인은 오이타현의 중앙에 자리 잡은 온천 마을이다. 흔히 온천지라 하면 대규모 욕탕, 대형 료칸을 연상하기 쉬우나 유후인에서는 그런 시설을 찾아보기 어렵다. 대신 작은 료칸, 작은 상점, 작은 미술관 등 아기자기한 매력이 넘쳐난다. 그 덕에 여성 여행객이 특히 많다. 차가운 지하수와 뜨거운 온천수가 동시에 솟아 나와 물안개가 자주 끼는 긴린코(金鱗湖) 호수의 아침 풍경도 아름답기 그지없다. 한국인 여행객이 가장 좋아하는 일본 온천지라는 유후인은 특히 겨울철을 따뜻하게 나려는 관광객에게 인기가 많다. 한국에서 가려면 후쿠오카 공항을 통해 입국한 뒤, 하카타역에서 JR을 이용하는 방법이 가장 빠르다.

미리보기

이번 핫플레이스에서는 어떤 대화를 나눌지 살펴볼까요?

1

A：旅館(りょかん)はどうですか。

B：とても居心地(いごこち)がいいです。

2

A：中心街(ちゅうしんがい)から離(はな)れていますが、不便(ふべん)じゃありませんか。

B：そんなことありません。

3

B：ここは見(み)れば見(み)るほど泊(と)まりたい宿(やど)です。

A：だったら安心(あんしん)です。

1

A：료칸은 어때요?

B：아주 지내기가 좋아요.

2

A：중심가에서 떨어져 있는데 불편하지 않아요?

B：그렇지 않아요.

3

B：여기는 보면 볼수록 묵고 싶은 숙소예요.

A：그럼 안심이네요.

준비하기

오늘의 주요 단어입니다. 학습을 시작하기 전에 단어부터 살펴보아요.

- 居心地(いごこち) 어떤 장소에서 느끼는 기분
- 離(はな)れる 거리가 멀어지다
- 泊(と)まる 묵다
- 宿(やど) 숙소
- 登(のぼ)る 높은 곳으로 올라가다
- ますます 점점
- 病(や)みつき 버릇이 듦
- 味(あじ) 맛
- 体(からだ) 몸

실전여행

핫플레이스에 가면 이 한마디는 꼭 시도해 보아요. 패턴으로 완벽 암기하세요.

~ば~ほど ~하면 ~할수록

- 見(み)れば見(み)るほど泊(と)まりたい宿(やど)です。
  보면 볼수록 묵고 싶은 숙소예요.
- 見(み)れば見(み)るほど買(か)いたくなります。
  보면 볼수록 사고 싶어 져요.
- 高(たか)く登(のぼ)れば登(のぼ)るほど、ますます寒(さむ)くなります。
  높이 오르면 오를수록 점점 추워질 거예요.
- 食(た)べれば食(た)べるほど病(や)みつきになる味(あじ)です。
  먹으면 먹을수록 중독되는 맛이에요.
- 温泉(おんせん)は長(なが)く入(はい)れば入(はい)るほど体(からだ)に良(よ)いというわけではありません。
  온천은 오래 들어가면 들어갈수록 몸에 좋은 것은 아닙니다.

일지쓰기 

핫플레이스에서 대화한 내용을 떠올리며 빈칸을 채워보세요.

1

A：旅館(りょかん)はどうですか。

B：とても＿＿＿＿＿＿がいいです。

A：료칸은 어때요?

B：아주 지내기가 좋아요.

2

A：中心街(ちゅうしんがい)＿＿＿＿＿＿、不便(ふべん)じゃありませんか。

B：そんなことありません。

A：중심가에서 떨어져 있는데 불편하지 않아요?

B：그렇지 않아요.

3

B：ここは見(み)れば見(み)るほど＿＿＿＿＿＿宿(やど)です。

A：だったら安心(あんしん)です。

B：여기는 보면 볼수록 묵고 싶은 숙소예요.

A：그럼 안심이네요.

정답

1 居心地(いごこち)

2 から離(はな)れていますが

3 泊(と)まりたい

46 캐널시티 하카타(キャナルシティ博多)

오늘 배울 표현은 **~로 유명**

캐널시티 하카타는 후쿠오카현(福岡県) 후쿠오카시(福岡市)에 있는 복합 상업 시설이다. 길이 180m의 인공운하를 중심으로 한 광활한 건물 부지 내에 온갖 상점, 레스토랑, 영화관, 호텔 등이 입주해 있다. 후쿠오카를 찾는 여행객이라면 이곳을 빼놓고 관광하는 이가 없을 정도로 지역을 대표하는 핫플레이스로서의 역할을 톡톡히 해낸다. 특히 바로 앞 나카스(中洲) 강가에 늘어선 대규모 포장마차촌은 그 유명한 하카타 라멘, 어묵, 꼬치류 뿐 아니라 중화요리, 카레에 이르기까지 전문 음식점 못지않은 음식을 내놓기로 유명하다. 예로부터 후쿠오카시 일대를 부르는 또 하나의 이름이었던 하카타. 일본 3대 라멘으로 꼽히는 하카타 라멘은 나카스의 포장마차에서 맛보는 것이 어떨까?

미리보기

이번 핫플레이스에서는 어떤 대화를 나눌지 살펴볼까요?

1

A：福岡(ふくおか)はどんな食(た)べ物(もの)が有名(ゆうめい)ですか。

B：そりゃ博多(はかた)ラーメンでしょ！

2

A：ラーメンは北(きた)に行(い)くほどおいしいと聞(き)きましたが。

B：違(ちが)います。福岡(ふくおか)こそがラーメンで有名(ゆうめい)な地域(ちいき)ですよ。

3

A：何(なん)で福岡(ふくおか)ラーメンじゃなくて博多(はかた)ラーメンって呼(よ)ぶんですか。

B：博多(はかた)は、福岡(ふくおか)の別名(べつめい)です。

1

A：후쿠오카는 어떤 음식이 유명한가요?

B：그거야 하카타 라멘이죠!

2

A：라멘은 북으로 갈수록 맛있다고 들었는데.

B：아니에요. 후쿠오카야말로 라멘으로 유명한 지역이에요.

3

A：왜 후쿠오카 라멘이 아니라 하카타 라멘이라 부르는 거죠?

B：하카타는 후쿠오카의 별명이에요.

준비하기

오늘의 주요 단어입니다.
학습을 시작하기 전에
단어부터 살펴보아요.

- 北(きた) 북쪽
- こそ ~야말로
- 地域(ちいき) 지역
- 別名(べつめい) 별명
- 真珠(しんじゅ) 진주
- 二次会(にじかい) 2차

핫플레이스에 가면
이 한마디는 꼭 시도해 보아요.
패턴으로 완벽 암기하세요.

~で有名(ゆうめい) ~로 유명

- 福岡(ふくおか)こそがラーメンで有名(ゆうめい)な地域(ちいき)です。
  후쿠오카야말로 라멘으로 유명한 지역이에요.
- どんな料理(りょうり)で有名(ゆうめい)ですか。
  어떤 요리로 유명한가요?
- 奈良(なら)は何(なに)で有名(ゆうめい)なんですか？
  나라는 뭘로 유명한가요?
- 長崎(ながさき)は真珠(しんじゅ)で有名(ゆうめい)だと聞(き)きましたが。
  나가사키는 진주로 유명하다고 들었는데요.
- 二次会(にじかい)で有名(ゆうめい)だというワインバーで飲(の)んでいます。
  2차 장소로 유명하다는 와인바에서 마시고 있어요.

일지쓰기 

핫플레이스에서 대화한 내용을 떠올리며 빈칸을 채워보세요.

1

A：福岡はどんな食べ物が有名ですか。

B：＿＿＿＿＿博多ラーメンでしょ！

A：후쿠오카는 어떤 음식이 유명한가요?

B：그거야 하카타 라멘이죠!

2

A：ラーメンは北に行くほどおいしいと聞きましたが。

B：違います。＿＿＿＿＿ラーメンで有名な地域ですよ。

A：라멘은 북으로 갈수록 맛있다고 들었는데.

B：아니에요. 후쿠오카야말로 라멘으로 유명한 지역이에요.

3

A：何で福岡ラーメン＿＿＿＿＿博多ラーメンって呼ぶんですか。

B：博多は、福岡の別名です。

A：왜 후쿠오카 라멘이 아니라 하카타 라멘이라 부르는 거죠?

B：하카타는 후쿠오카의 별명이에요.

정답

1 そりゃ
2 福岡こそが
3 じゃなくて

기억하기

다음 빈칸에 들어갈 내용을 떠올리며
앞서 다녀온 핫플레이스를 기억해보세요.

45

유후인(由布院)

～ば～ほど ～하면 ～할수록

- ＿＿＿＿＿泊(と)まりたい宿(やど)です。
  보면 볼수록 묵고 싶은 숙소예요.
- 見(み)れば見(み)るほど買(か)いたくなります。
  보면 볼수록 사고 싶어 져요.
- 高(たか)く登(のぼ)れば登(のぼ)るほど、ますます寒(さむ)くなります。
  높이 오르면 오를수록 점점 추워질 거예요.
- ＿＿＿＿＿病(や)みつきになる味(あじ)です。
  먹으면 먹을수록 중독되는 맛이에요.
- 温泉(おんせん)は長(なが)く入(はい)れば入(はい)るほど 体(からだ) に良(よ)いというわけではありません。 온천은 오래 들어가면 들어갈수록 몸에 좋은 것은 아닙니다.

정답

① 見(み)れば見(み)るほど
② 食(た)べれば
食(た)べるほど

46

캐널시티 하카타(キャナルシティ博多)

～で有名 ～로 유명

- 福岡(ふくおか)こそがラーメンで有名(ゆうめい)な地域(ちいき)です。
  후쿠오카야말로 라멘으로 유명한 지역이에요.
- ＿＿＿＿＿有名(ゆうめい)ですか。
  어떤 요리로 유명한가요?
- 奈良(なら)は何(なん)で有名(ゆうめい)なんですか？
  나라는 뭘로 유명한가요?
- 長崎(ながさき)は＿＿＿＿＿と聞(き)きましたが。
  나가사키는 진주로 유명하다고 들었는데요.
- ＿＿＿＿＿で有名(ゆうめい)だというワインバーで飲(の)んでいます。
  2차 장소로 유명하다는 와인바에서 마시고 있어요.

정답

① どんな 料理(りょうり)で
② 真珠(しんじゅ)で有名(ゆうめい)だ
③ 二次会(にじかい)

A：旅行費用を抑えるコツがあれば教えてください。

B：ハイシーズンを避ける！

A：それと？

B：チケットは早く買えば早く買うほど安くなる！

A : 여행 비용을 줄이는 비결이 있으면 가르쳐 주세요.
B : 성수기를 피한다!
A : 그리고?
B : 티켓은 일찍 사면 일찍 살수록 싸진다!

Key Point

～ば～ほど라는 문형에는 동사만을 적용해 쓸 수도 있지만, 早(はや)く買(か)えば早(はや)く買(か)うほど처럼 앞뒤에 부사를 더하기도 하고 高(たか)くなればなるほど처럼 한쪽에만 부사를 붙여 쓸 수도 있다.

A：肩こりの痛みを抑えることで有名な薬があると聞きましたが。

B：ええ、そんなものがあるんですか。

A：一応ドラッグストアに行ってみたいですね。

B：後で一緒に行ってみましょう。

A : 어깨 결림 통증을 가라앉히는 걸로 유명한 약이 있다고 들었는데.
B : 네? 그런 게 있어요?
A : 일단 약국에 가보고 싶네요.
B : 나중에 같이 가 봅시다.

Key Point

명사로 연결할 때는 '명사+で有名'를 쓰고, 동사를 이용해서 '~인 걸로 유명'이라고 말할 때는 '동사+ことで有名'라는 표현을 쓰면 된다.

47

나가사키(長崎)

오늘 배울 표현은 ~라고 들었는데요

'일본 속 네덜란드'라 불리는 하우스 텐보스도 있고 일본 3대 야경을 볼 수 있는 이나사야마(稲佐山) 전망대도 유명하지만, 뭐니 뭐니 해도 먹거리에 주목해야 하는 곳이 나가사키다. 이주해 온 중국인 손에 만들어진 '나가사키 짬뽕'과 포르투갈인 선교사에 의해 전파되었으나 오븐 대신 숯불을 이용하다가 탄생한 '카스텔라'가 그 대표 사례다. 이런 음식이 탄생한 데는 역사적 배경이 있다. 1587년에 쇄국 정책이 시행됐지만, 나가사키만은 선교를 명목으로 문호가 열려 있었던 것이다. 그 덕에 중국, 네덜란드, 포르투갈의 영향을 받은 새로운 음식 문화가 나타날 수 있었다. 이 같은 배경을 알고 다가가면 나가사키의 볼거리, 먹거리가 더욱 풍부하게 다가올 것이다.

미리보기

이번 핫플레이스에서는
어떤 대화를 나눌지
살펴볼까요?

1

A：長崎(ながさき)はカステラがおいしいと聞(き)きましたが。

B：そうです。カステラなら長崎(ながさき)です。

2

A：ヨーロッパでもこんなカステラを食(た)べたことがありません。

B：当(あ)たり前(まえ)でしょ。

3

B：カステラは長崎(ながさき)で生(う)まれた食(た)べ物(もの)です。

A：ええ？ヨーロッパのお菓子(かし)じゃなかったんですか。

1

A：나가사키는 카스텔라가 맛있다고 들었는데요.

B：맞아요. 카스텔라는 나가사키죠.

2

A：유럽에서도 이런 카스텔라를 먹은 적이 없어요.

B：당연하죠.

3

B：카스텔라는 나가사키에서 탄생한 음식이에요.

A：네? 유럽의 과자 아니었어요?

준비하기

오늘의 주요 단어입니다.
학습을 시작하기 전에
단어부터 살펴보아요.

- ヨーロッパ 유럽
- 当(あ)たり前(まえ) 당연함
- 生(う)まれる 태어나다
- お菓子(かし) 과자
- コンビニ 편의점
- プリン 푸딩
- 竹細工(たけざいく) 죽세공
- 朝食(ちょうしょく)なしプラン 조식 불포함 요금
- 安(やす)い 싸다

실전여행

핫플레이스에 가면
이 한마디는 꼭 시도해 보아요.
패턴으로 완벽 암기하세요.

～と聞(き)きましたが ～라고 들었는데요

- 長崎(ながさき)はカステラがおいしいと聞(き)きましたが。
  나가사키는 카스텔라가 맛있다고 들었는데요.
- コンビニのプリンがおいしいと聞(き)きましたが。
  편의점의 푸딩이 맛있다고 들었는데요.
- 竹細工(たけざいく)が有名(ゆうめい)だと聞(き)きましたが。
  죽세공이 유명하다고 들었는데요.
- 園内(えんない)バスがあると聞(き)きましたが。
  공원 내 버스가 있다고 들었는데요.
- 朝食(ちょうしょく)なしプランは安(やす)いと聞(き)きましたが。
  조식 제외한 숙박 요금은 싸다고 들었는데요.

일지쓰기 

핫플레이스에서 대화한 내용을 떠올리며 빈칸을 채워보세요.

1

A：長崎(ながさき)はカステラがおいしいと聞(き)きましたが。

B：そうです。＿＿＿＿＿長崎(ながさき)です。

A : 나가사키는 카스텔라가 맛있다고 들었는데요.

B : 맞아요. 카스텔라는 나가사키죠.

2

A：ヨーロッパでもこんなカステラを食(た)べたことがありません。

B：＿＿＿＿＿でしょ。

A : 유럽에서도 이런 카스텔라를 먹은 적이 없어요.

B : 당연하죠.

3

B：カステラは長崎(ながさき)で＿＿＿＿＿食(た)べ物(もの)です。

A：ええ？ヨーロッパのお菓子(かし)じゃなかったんですか。

B : 카스텔라는 나가사키에서 탄생한 음식이에요.

A : 네? 유럽의 과자 아니었어요?

정답

1 カステラなら
2 当(あ)たり前(まえ)
3 生(う)まれた

48

이부스키(指宿) 온천

오늘 배울 표현은 꼭

이부스키 온천은 가고시마만(鹿児島湾) 동부에 자리 잡은 이부스키시(指宿市) 일대의 온천들을 말한다. 시 전역에 기리시마(霧島) 화산의 맥이 흐르고 있어 어디건 땅을 1m만 파면 온천이 나온다고 할 정도로 훌륭한 온천 마을이다. 아열대 기후에 가까워 관공서와 은행에서는 10월 말까지 하와이의 알로하셔츠를 공식 복장으로 입는 것으로도 알려져 있다. 이부스키하면 떠오르는 상징적 이미지는 해안의 모래찜질이다. 뜨거운 증기를 머금은 검은 모래에 파묻혀 찜질을 하고 나면 그 어떤 사우나보다 개운하다. 공영 모래찜질 회관이 있어 비가 와도 찜질을 즐길 수 있다. 1월 말에 유채꽃으로 뒤덮이는 이케다코(池田湖) 호수와 가고시마 흑돼지 요리도 빼놓으면 섭섭한 명물이다.

미리보기

이번 핫플레이스에서는 어떤 대화를 나눌지 살펴볼까요?

1

A：午後(ごご)から雨(あめ)だそうです。

B：どうしよう。砂(すな)むしをしたかったのに。

2

A：屋内(おくない)でもできます。

B：雨(あめ)がやんだらぜひ露天(ろてん)の砂風呂(すなぶろ)に入(はい)りましょう。

3

B：みんな砂(すな)むしをしていたら写真(しゃしん)はどうやって撮(と)るんですか。

A：砂(すな)かけ担当(たんとう)のおじさんが撮(と)ってくれます。

1

A：오후에 비가 온대요.

B：어쩌지? 모래찜질을 하고 싶었는데.

2

A：실내에서도 할 수 있어요.

B：비가 그치면 꼭 노천 모래찜질을 합시다.

3

B：다들 모래찜질을 하면 사진은 어떻게 찍죠?

A：모래를 덮어주는 담당 아저씨가 찍어줘요.

준비하기

오늘의 주요 단어입니다.
학습을 시작하기 전에
단어부터 살펴보아요.

- 砂(すな)むし 모래찜질
- 屋内(おくない) 실내
- やむ 그치다
- 露天(ろてん) 노천
- おじさん 아저씨
- 一緒(いっしょ)に 함께
- 砂風呂(すなぶろ)に入(はい)る 모래찜질을 하다

실전여행

핫플레이스에 가면
이 한마디는 꼭 시도해 보아요.
패턴으로 완벽 암기하세요.

ぜひ 꼭

- 雨(あめ)がやんだらぜひ露天(ろてん)の砂風呂(すなぶろ)に入(はい)りましょう。
  비가 그치면 꼭 노천 모래찜질을 합시다.
- ぜひ行(い)こうと思(おも)っています。
  꼭 가려고 생각 중이에요.
- ぜひ連(つ)れて行(い)ってくださいね。
  꼭 데리고 가 주세요.
- 韓国(かんこく)にもぜひ来(き)てください。
  한국에도 꼭 오세요.
- ぜひあなたと一緒(いっしょ)に行(い)きたいです。
  꼭 당신과 함께 가고 싶어요.

일지쓰기

핫플레이스에서 대화한 내용을 떠올리며 빈칸을 채워보세요.

1

A：午後(ごご)から雨(あめ)だそうです。

B：どうしよう。砂(すな)むしを＿＿＿＿＿。

A：오후에 비가 온대요.

B：어쩌지? 모래찜질을 하고 싶었는데.

2

A：屋内(おくない)でもできます。

B：雨(あめ)が＿＿＿＿＿ぜひ露天(ろてん)の砂風呂(すなぶろ)に入(はい)りましょう。

A：실내에서도 할 수 있어요.

B：비가 그치면 꼭 노천 모래찜질을 합시다.

3

B：みんな砂(すな)むしをしていたら写真(しゃしん)は＿＿＿＿＿撮るんですか。

A：砂(すな)かけ担当(たんとう)のおじさんが撮(と)ってくれます。

B：다들 모래찜질을 하면 사진은 어떻게 찍죠?

A：모래를 덮어주는 담당 아저씨가 찍어줘요.

정답

1 したかったのに
2 やんだら
3 どうやって

기억하기

다음 빈칸에 들어갈 내용을 떠올리며
앞서 다녀온 핫플레이스를 기억해보세요.

47

나가사키(長崎)

~と聞きましたが ~라고 들었는데요

- 長崎はカステラがおいしいと聞きましたが。
  나가사키는 카스텔라가 맛있다고 들었는데요.
- コンビニのプリンがおいしいと聞きましたが。
  편의점의 푸딩이 맛있다고 들었는데요.
- 竹細工が＿＿＿＿＿＿聞きましたが。
  죽세공이 유명하다고 들었는데요.
- 園内バスがあると聞きましたが。
  공원 내 버스가 있다고 들었는데요.
- ＿＿＿＿＿＿は安いと聞きましたが。
  조식 제외한 숙박 요금은 싸다고 들었는데요.

정답

1 有名だと
2 朝食なしプラン

이부스키(指宿) 온천

ぜひ 꼭

- ＿＿＿＿＿＿露天の砂風呂に入りましょう。
  비가 그치면 꼭 노천 모래찜질을 합시다.
- ＿＿＿＿＿＿思っています。
  꼭 가려고 생각 중이에요.
- ぜひ＿＿＿＿＿＿くださいね。
  꼭 데리고 가 주세요.
- 韓国にもぜひ来てください。
  한국에도 꼭 오세요.
- ぜひあなたと一緒に行きたいです。
  꼭 당신과 함께 가고 싶어요.

정답

1 雨がやんだらぜひ
2 ぜひ行こうと
3 連れて行って

A：長崎(ながさき)には舶来(はくらい)の料理(りょうり)をアレンジしたメニューがたくさんあると聞(き)きましたが。

B：よく知(し)っていますね。

A：例(たと)えば何(なに)がありますか。

B：やっぱりカステラですね。

A : 나가사키에는 물 건너온 음식을 변형시킨 메뉴가 많이 있다고 들었는데요.

B : 잘 아네요.

A : 예를 들면 뭐가 있나요?

B : 역시 카스텔라죠.

Key Point

～と聞(き)きましたが라는 표현은 が라는 접속 조사를 붙여 '~만, ~데요'라고 말끝을 줄이고 있다. 일본어에서 자주 쓰이는 형태이므로 적절히 이용하면 미완성이면서도 자연스러운 문장이 된다.

A：豚(ぶた)しゃぶのおいしいお店(みせ)がありますけど、一緒(いっしょ)に行(い)きませんか。

B：もちろん行(い)きますよ。ぜひ連(つ)れて行(い)ってくださいね。

A：いつ頃(ごろ)がいいですか。

A : 돼지고기 샤부샤부가 맛있는 집이 있는데, 같이 안 갈래요?

B : 당연히 가야죠. 꼭 데리고 가 주세요.

A : 언제쯤이 좋아요?

Key Point

ぜひ는 뒤에는 반드시 '의뢰, 희망, 제안'을 나타내는 ～てください, ～てほしい, ～したい, ～しよう가 와야 한다. ぜひ～ます, ぜひ～です, ぜひ～だろう, ぜひ～しない는 틀린 표현이다.

49 오키나와(沖縄) 추라우미(美ら海) 수족관

오늘 배울 표현은 **가장**

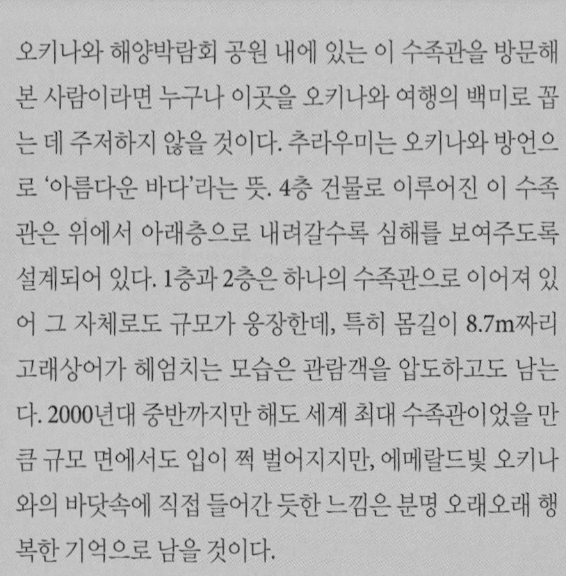

오키나와 해양박람회 공원 내에 있는 이 수족관을 방문해 본 사람이라면 누구나 이곳을 오키나와 여행의 백미로 꼽는 데 주저하지 않을 것이다. 추라우미는 오키나와 방언으로 '아름다운 바다'라는 뜻. 4층 건물로 이루어진 이 수족관은 위에서 아래층으로 내려갈수록 심해를 보여주도록 설계되어 있다. 1층과 2층은 하나의 수족관으로 이어져 있어 그 자체로도 규모가 웅장한데, 특히 몸길이 8.7m짜리 고래상어가 헤엄치는 모습은 관람객을 압도하고도 남는다. 2000년대 중반까지만 해도 세계 최대 수족관이었을 만큼 규모 면에서도 입이 떡 벌어지지만, 에메랄드빛 오키나와의 바닷속에 직접 들어간 듯한 느낌은 분명 오래오래 행복한 기억으로 남을 것이다.

미리보기

이번 핫플레이스에서는 어떤 대화를 나눌지 살펴볼까요?

1

A：素晴(すば)らしいですね。

B：海(うみ)の中(なか)に潜(もぐ)り込(こ)んでいるような気分(きぶん)でしょ。

2

A：今(いま)まで見(み)た中(なか)で一番大(いちばんおお)きい水族館(すいぞくかん)です。

B：世界最大級(せかいさいだいきゅう)の大(おお)きさなのは確(たし)かです。

3

A：沖縄(おきなわ)の海(うみ)はとてもきれいですね。

B：みんなこの海(うみ)を忘(わす)れられないと言(い)います。

1

A：굉장하네요.

B：바닷속에 들어와 있는 것 같은 기분이죠?

2

A：지금까지 본 중에 가장 큰 수족관이에요.

B：세계 최대급 규모인 건 확실해요.

3

A：오키나와의 바다는 참 아름답네요.

B：다들 이 바다를 못 잊을 거라고 해요.

준비하기

오늘의 주요 단어입니다.
학습을 시작하기 전에
단어부터 살펴보아요.

- 潜(もぐ)り込(こ)む
  물 밑으로 들어가다
- 気分(きぶん) 기분
- 水族館(すいぞくかん) 수족관
- 城(しろ) 성
- 漬物(つけもの) 절임, 장아찌

핫플레이스에 가면
이 한마디는 꼭 시도해 보아요.
패턴으로 완벽 암기하세요.

一番(いちばん) 가장

- 今(いま)まで見(み)た中(なか)で一番大(いちばんおお)きい水族館(すいぞくかん)です。
  지금까지 본 중에 가장 큰 수족관이에요.
- 日本(にほん)で一番高(いちばんたか)いビルはどこにありますか。
  일본에서 가장 높은 건물은 어디에 있나요?
- 日本(にほん)の城(しろ)の中(なか)では一番(いちばん)きれいです。
  일본의 성 중에서는 가장 아름다워요.
- 今(いま)まで食(た)べた漬物(つけもの)の中(なか)で一番(いちばん)おいしいです。
  지금까지 먹은 장아찌 중에서 가장 맛있어요.
- ここから一番近(いちばんちか)い駅(えき)はどこですか。
  여기서 가장 가까운 역은 어디인가요?

일지쓰기

핫플레이스에서 대화한 내용을 떠올리며 빈칸을 채워보세요.

1

A：素晴(すば)らしいですね。

B：海(うみ)の中(なか)に＿＿＿＿＿＿気分(きぶん)でしょ。

A : 굉장하네요.

B : 바닷속에 들어와 있는 것 같은 기분이죠?

2

A：今(いま)まで見(み)た中(なか)で一番大(いちばんおお)きい水族館(すいぞくかん)です。

B：世界最大級(せかいさいだいきゅう)の大(おお)きさなのは

＿＿＿＿＿＿。

A : 지금까지 본 중에 가장 큰 수족관이에요.

B : 세계 최대급 규모인 건 확실해요.

3

A：沖縄(おきなわ)の海(うみ)はとてもきれいですね。

B：みんなこの海(うみ)を＿＿＿＿＿＿と言(い)います。

A : 오키나와의 바다는 참 아름답네요.

B : 다들 이 바다를 못 잊을 거라고 해요.

정답

1 潜(もぐ)り込(こ)んでいるような
2 確(たし)かです
3 忘(わす)れられない

50 이시가키섬(石垣島)

오늘 배울 표현은 ~더

이시가키 섬은 오키나와에서 남으로 한 시간, 일본 최남단에 있는 섬으로 천혜의 자연이 그대로 보존된 꿈의 휴양지다. 투명 카약을 타고 카비라만(川平湾)의 투명한 바닷속을 들여다보며 푸른 산호섬을 만끽하다 보면 어느새 지상 낙원을 만끽 중인 자신을 발견하게 될 것이다. 인근 섬까지는 고속선으로 10분 정도면 닿는데, 이리오모테지마(西表島) 섬에서는 물속에 뿌리를 내린 무성한 맹그로브 숲을 탐험할 수 있고, 다케토미지마(竹富島) 섬에서는 신기한 별 모양 모래가 펼쳐진 해변을 즐길 수 있다. 고급 리조트를 이용할 수도 있지만, 자유 여행으로 일정을 잡는다 해도 조금도 수고스럽지 않은 행복한 여행을 선사해 줄 지역이다.

미리보기

이번 핫플레이스에서는 어떤 대화를 나눌지 살펴볼까요?

1

A：星砂(ほしずな)ってかわいいですね。

B：実(じつ)はこれは砂(すな)じゃありません。

2

A：だったら何(なん)ですか。

B：有孔虫(ゆうこうちゅう)という生物(せいぶつ)の殻(から)なんです。

3

A：もう一泊(いっぱく)したいですね。

B：今度(こんど)また来(く)ればいいし、もう帰(かえ)りましょう。

1

A：별 모래는 귀엽네요.

B：사실 이건 모래가 아니에요.

2

A：그럼 뭔가요?

B：유공충이라는 생물의 허물이에요.

3

A：하루 더 묵고 싶네요.

B：다음에 또 오면 되니까 이제 돌아갑시다.

준비하기

오늘의 주요 단어입니다.
학습을 시작하기 전에
단어부터 살펴보아요.

- かわいい 귀엽다
- 生物(せいぶつ) 생물
- 殻(から) 껍데기, 허물
- 今度(こんど) 이번, 다음번
- 足(た)りない 모자라다

실전여행

핫플레이스에 가면
이 한마디는 꼭 시도해 보아요.
패턴으로 완벽 암기하세요.

もう~ ~더

- もう一泊(いっぱく)したいですね。
  하루 더 묵고 싶네요.
- ビール、もう一本(いっぽん)ください。
  맥주 한 병 더 주세요.
- もう一(ひと)つ足(た)りないですが。
  하나 더 모자라는데요.
- もう一度(いちど)行(い)ってみたいです。
  한 번 더 가 보고 싶네요.
- もう少(すこ)し待(ま)ってください。
  조금 더 기다려주세요.

일지쓰기

핫플레이스에서 대화한 내용을 떠올리며 빈칸을 채워보세요.

1

A：星砂(ほしずな)ってかわいいですね。

B：＿＿＿＿＿これは砂(すな)じゃありません。

A：별 모래는 귀엽네요.

B：사실 이건 모래가 아니에요.

2

A：＿＿＿＿＿。

B：有孔虫(ゆうこうちゅう)という生物(せいぶつ)の殻(から)なんです。

A：그럼 뭔가요?

B：유공충이라는 생물의 허물이에요.

3

A：もう一泊(いっぱく)したいですね。

B：今度(こんど)＿＿＿＿＿し、もう帰(かえ)りましょう。

A：하루 더 묵고 싶네요.

B：다음에 또 오면 되니까 이제 돌아갑시다.

정답

1 実(じつ)は

2 だったら何(なん)ですか

3 また来(く)ればいい

기억하기

다음 빈칸에 들어갈 내용을 떠올리며
앞서 다녀온 핫플레이스를 기억해보세요.

49

오키나와(沖縄) 추라우미(美ら海) 수족관

一番 가장

• ＿＿＿＿＿一番大きい水族館です。
지금까지 본 중에 가장 큰 수족관이에요.

• 日本で一番高いビルはどこにありますか。
일본에서 가장 높은 건물은 어디에 있나요?

• 日本の城の中では一番きれいです。
일본의 성 중에서는 가장 아름다워요.

• 今まで食べた漬物の中で一番おいしいです。
지금까지 먹은 장아찌 중에서 가장 맛있어요.

• ここから＿＿＿＿＿駅はどこですか。
여기서 가장 가까운 역은 어디인가요?

정답

1 今まで見た中で
2 一番近い

50

이시가키섬(石垣島)

もう～ ～더

• もう一泊したいですね。
하루 더 묵고 싶네요.

• ビール、＿＿＿＿＿ください。
맥주 한 병 더 주세요.

• ＿＿＿＿＿足りないですが。
하나 더 모자라는데요.

• もう一度行ってみたいです。
한 번 더 가 보고 싶네요.

• ＿＿＿＿＿ください。
조금 더 기다려주세요.

정답

1 もう一本
2 もう一つ
3 もう少し待って

A：この中でここから一番近い駅はどこですか。

B：新橋駅？

A：はい？

B：距離はほぼ同じですが、銀座駅よりは新橋の方がもう少し近いと思います。

A : 이 중에서 여기서 가장 가까운 역은 어딘가요?

B : 신바시역?

A : 예?

B : 거리는 거의 같은데, 긴자역보다는 신바시가 약간 더 가까워요.

Key Point

一番은 最も로 바꾸어 쓸 수도 있다. 또 一番近い駅라는 표현은 最寄りの駅라는 말로도 자주 대체된다.

A：チーズ！

B：しまった。まばたきしちゃった。すみません。もう一枚撮ってくれますか。

A：はい、はい。みなさん、もう一枚行きますよ。チーズ！

A : 치즈!

B : 아이코! 눈을 깜빡였네. 죄송해요. 한 장 더 찍어주시겠어요?

A : 예, 예. 여러분, 한 장 더 갈게요. 치즈!

Key Point

'하나 더'라는 말이 일본어로는 もう一つ가 되는 것처럼 일본어에서는 '~ 더'라는 표현을 할 때 우리말과 어순이 달라지므로 주의하도록 한다.

바로 톡 talk
여행
일본어
일본 핫플레이스 50